美月のモデル飯

フライパン1つでできる

椎名美月

KODANSHA

はじめに

こんにちは。

椎名美月と申します。数あるレシピ本の中から、この本を手に取っていただきありがとうございます。

この本は、お料理初心者さんはもちろん、自分や家族のためにおいしいご飯を作りたい、料理のバリエーションを増やしたいと思っている方が、"フライパン1つで簡単に作れる"レシピを紹介しています。

モデルというお仕事をしていると、
普段からよく「どんなものを食べているの？」と聞かれることがあります。

これ！ といった特定の食べ物はないのですが、
"旬の食材を食べること"、
"なんでもバランスよく食べること"を意識しています。
体型管理をしなければならない状況もありますが、"食べない"ということは
絶対にしません。

昔から、料理、アクセサリー作りなどの手作業が本当に大好きで、いろいろな
魚をさばいてみたり、初めて見る野菜を買って料理してみる……
なんてことも日常の楽しみだったりするのですが、最近では自家製のからすみ
やソーセージ、パンチェッタなどを仕込んで周りから驚かれることも。

幼い頃から実家に野菜畑や果物の木があって、野菜を自給すること、
季節のものを使った保存食を作ることなどが当たり前の環境で育ったので、
それが今の私の土台となっているのかもしれません。

また、高校生のときに、割烹料理のお店でバイトをしていたことも、
今の自分に大きく影響していると思います。

0歳

2歳
Birthday

3歳
書道スタート

旬の食材を意識したメニューや素材の味を活かした調理法、
普段の食卓では見ないような飾り切りや盛りつけの鮮やかさなどなど、
どれもこれも新鮮なことばかりで、
こんな料理があるのか‼と、とにかく驚いたことを覚えています。

この本で紹介するレシピに和食が多いことや
食材や味の組み合わせが渋めな部分は、
その経験によるところが大きいのではないでしょうか。

タンパク質をしっかり摂れるレシピも、あと1品！　に役立つ副菜も、
作りおきできるレシピも、おもてなしのときに喜ばれるメニューも、
使っている調味料や味つけはシンプルですぐにマネできるものばかり。
漬け込みながら旨みを引き出す時短料理や、SNSで反響のあったレシピも
たくさん紹介しているので、ぜひ参考にしていただきたいです。

"生きることは食べること"

健康でいたい、美肌になりたい、体型をキープしたい、
前向きなメンタルでいたいなど、
自分の心と体のバランスを取ってくれるのが食事だなと日々実感しています。

体にいいってうれしい！　作るって楽しい！
こんな組み合わせで食べるとおいしいんだ！
八百屋さんに行くのが楽しみになった！
そんな新しい発見のある一冊にしてもらえたらうれしいです。

椎名 美月

CONTENTS

毎日食べたい
ボリュームおかず

美Body & 美肌には"タンパク質"をチャージ

肉・魚介・卵のおかず　15

CHAPTER 3 ONE PLATE!

CHAPTER 4

揚げ物もお酒も大解禁！

85 美月会で大人気の おもてなしご飯

86 モデル発酵食会

94 お肉会

102 ワイン会

110 日本酒会

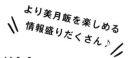

What is ?

美月のモデル飯

モデル業をしながら普段どんな食事をしているのか、日々の
MYルールや料理を作るときに気をつけているポイントなどを紹介します。
この本で使用しているフライパンもぜひ参考にしてみてください。

My Rule 1

筋トレをした日 は

ヘルシー＆
ボリューム満点 **タンパク質**ごはん

タンパク質は毎日の食事に欠かせませんが、トレーニングをしたときはより
意識的に摂取！ 魚が大好きで、お肉なら脂身の少ない部位を選んでいます。

My Rule 2

平日・撮影前 は

バランス重視 **ワンプレート**ごはん

ワンプレートに盛ることで、いろいろなおかずをバランス良く食べることができ、
見た目の満足感もアップ。お昼は炭水化物をしっかりと、夜ごはんはタンパク質を
中心としたワンプレートを心がけています。

My Rule 3

週末・友人と 集まる日 は

お酒
揚げ物解禁

おもてなし ごはん

週末は好きな物を気にせずおいしく食べる日！ お友達や仕事仲間とのお酒や揚げ物も楽しんじゃいます。ストレスフリーな日を作ることでまた平日も頑張れちゃいます。

My Rule 4

毎日欠かさない のは

酵素たっぷり

あえ物ごはん

美肌＆美腸

発酵調味料ごはん

毎日意識して食べているのがこの2つ。あえ物は本当に手軽でパパッと作れるのが魅力。発酵調味料は美肌＆美腸に良いのはもちろん、旨みが増すので、シンプルな味つけでおいしい！を感じられます。

COOKING
POINT

1

食材は"大きめ"に切る
ことで、見た目のボリュームと
食べ応えをアップ

料理は味だけでなく、見た目や食べ応えも大事にしています。食材を大きくカットすると頬張ったときの満足感も増すので、レシピに「一口大に切る」という表記が多いのは、美月飯を作る上でのこだわりのひとつです。

2

"下味"をつけて
時短 & 旨みアップ

美月飯には、下味をつけるレシピが多く登場します。あらかじめ下味をつけておくことで、調理の時短につながるのはもちろん、肉や魚などのタンパク質＋塩麹、酒粕などの発酵調味料には、旨みを引き出す、素材をやわらかくするなどのメリットも！

3

"調味料"にこだわって
素材の味を楽しむ

毎日の食事に欠かせないのは、"安心できる調味料"だと思っています。それだけで料理がおいしくなりますし、余計な味つけをする必要もありません。体に良いことも「おいしい」のひとつなので、ぜひみなさんにもこだわりの調味料を見つけてほしいです。

この本で使った
フライパン

MY♥
FRYING
PAN

深型が
1つあると
万能です

焼く、炒める、
蒸す、揚げる、
煮る
全部これ1つでOK

この本の料理は、すべてこの深型フライパンで作っています。深めのタイプを使うことで、煮る、ゆでるなどさまざまな調理に対応できます。焦げつきにくいフッ素樹脂加工のもので、直径が24cm程度あると便利。

// 裏側は
こんな感じ！

蒸し器の使い方！
1 蒸し器をセット
2 食材にかからない程度の
水を入れる
3 食材を置いてふたをする
4 中火で加熱し、沸騰した
ら弱火に！

＋ 蒸し器

フライパン用蒸し器は、簡単に洗えてか
さばらないのが魅力。シューマイ、はん
ぺん、蒸しギョーザ、蒸し野菜など、水
分でベチャッとさせたくない料理は、フ
ライパン用蒸し器があると便利。せいろ
がなくても簡単に蒸し料理を楽しめま
す。フライパンに合わせてサイズを変え
られるタイプもあります。

＋ ふた

煮物、蒸し物を作るときに必要
なので、フライパンのサイズに
ピッタリ合うふたがあると便利。

この本の表記・使っている調味料について

【分量について】
計量カップは1カップ＝200ml、
計量スプーンは大さじ1＝15ml、小さじ1＝5mlです。

【調味料について】
＊だし汁
「だし汁」とあるものは、基本的に昆布と削り節で
とったものです。市販の粉末タイプを使う場合は、
パッケージの表示に従ってください。

＊しょうゆ
「しょうゆ」とあるものは、基本的に濃い口しょうゆです。
「薄口しょうゆ」や「だししょうゆ」を使用するレシピも
ありますが、無い場合は「しょうゆ」で代用可能です。
ただ、塩分濃度が違うので、その都度分量を調節してください。

＊みそ
「白みそ」に限定しているレシピもありますが、無い場合は一般的な茶色の
タイプ（「みそ」と表記）で代用可能です。
白みそは塩分控えめで甘みがあるので、味をみながら分量を調節してください。料理の色をきれいに仕上げたいときにもおすすめです。

＊油
油はサラダ油か米油を使用、ごま油は太白ごま油を
使用することもあります。どれもスーパーで購入可能です。
米油は酸化しにくく、栄養成分も多いのでおすすめです。

＊おろししょうが、おろしにんにく
しょうが、にんにくは市販のチューブ入りのものでも代用可能です。
しょうが、にんにく1かけ分＝約3㎝が目安です。

【蒸し調理について】
・蒸し時間はあくまで目安です。ガスかIHかでも火の通り方が異なります。
　蒸し上がりに竹串を刺して中まで火が通っていない場合は、さらに1～2
　分蒸してください。
・ふたを開けるときは、蒸気による火傷に十分注意してください。
・蒸しギョーザやシューマイなどを作る際は、生地がくっつかないようクッ
　キングシートやアルミホイルを敷くのもおすすめです。

三大栄養素の一つであるタンパク質は、毎日の食事に
欠かせない栄養素です。お肉はできるだけ脂身の少ないものを、
魚は旬のものを魚屋さんで選ぶことが多いです。卵は常備！
魚はさばき方を覚えてしまえば簡単ですし、脂が体にいいので、
ぜひたくさん食べてほしいです。

おいしく
できたかな～

1

美 Body & 美肌には
"タンパク質"をチャージ

肉・魚介・卵の
おかず

鶏胸肉

タンパク質が豊富で脂肪の少ない胸肉は
トレーニング中の強い味方です。

鶏胸肉とキャベツのごまみそ炒め

脂肪が少なくて淡白な胸肉は
コクのあるしっかり味で

材料（2人分）

鶏胸肉...1枚（250g 程度）
キャベツ...1/4 個
ねぎ...1本
梅干し（種を取ってたたく）...1個分
みそ、白すりごま、酒...各大さじ1
米油...適量

作り方

1. 鶏肉は皮を除いてフォークで全体を
   刺し、一口大に切る。
   キャベツはざく切りにする。
   ねぎは 2cm幅の斜め切りにする。
2. ボウルに梅干し、みそ、すりごま、
   酒を入れて混ぜ合わせる。
3. フライパンに米油を中火で熱し、
   鶏肉を入れて炒める。
4. 鶏肉の色が変わったらキャベツ、
   ねぎを加えてさらに炒める。
   野菜がくたっとしてきたら 2 を加え、
   鶏肉に火が通るまで炒め合わせる。

梅干しが
アクセント

お酢を入れて
さっぱり仕上
げました

ゆずがあれば皮を散ら
すとよりさっぱり

作り方

1. 鶏肉は皮を除いてフォークで全体を刺し、
   一口大に切る。
   ポリ袋に入れて酒適量(分量外)を
   加えて漬け込む。
2. しめじは石づきを除き、まいたけとともに
   ほぐす。
3. ボウルに **A** を混ぜ合わせる。
4. フライパンに米油を中火で熱し、
   水けを拭き取った鶏肉(酒は捨てずに
   取っておく)を入れて炒め、色が変わって
   きたらきのこ類を入れてさらに炒める。
5. 4に3と鶏肉を漬け込んでいた酒を加えて
   ふたをし、5分ほど煮つめる。

鶏胸肉ときのこの
さっぱり煮

材料(2人分)

鶏胸肉...1枚(250g程度)
しめじ...1パック
まいたけ...1パック
A 水...大さじ3
酢...大さじ2
しょうゆ、みりん...各大さじ1
米油...適量

しっとり鶏肉に辛ウマな
タレがよく合う

よだれ鶏

きゅうりはあえて
ピーラーで！
鶏肉を巻いて食べて

材料（2人分）

鶏胸肉...1枚（250g程度）
酒...大さじ1
砂糖...小さじ1/2
塩...小さじ1/4
ごま油...適量

A
ねぎの青い部分...適量
しょうがの薄切り...1かけ分

B
黒酢...大さじ2
しょうゆ、白すりごま、
紹興酒（または酒）...各大さじ1
ラー油、花椒（すったもの）...各小さじ1

C
ねぎ（みじん切り）...1/4本
にんにく、しょうがのみじん切り...各1かけ分
豆板醤、砂糖...各小さじ1〜2
ピーナッツ（粗く砕く）...10粒程度

きゅうり、（あれば）糸唐辛子...各適量

作り方

1. 鶏肉は皮を除き、フォークで全体を刺す。ポリ袋（耐熱のもの）に入れ、酒、砂糖、塩を加えて袋の上から軽く揉み込む。

2. フライパンに鶏肉が完全につかるくらいの水（分量外）、Aを入れて熱し、沸騰したら火を止める。

3. 1を2につけてふたをし、1時間放置する。

4. Bはボウルに入れて混ぜ合わせておく。

5. フライパンにごま油を中火で熱し、Cのピーナッツ以外を入れて炒める。香りが立ち、ねぎがしんなりとしたら火を止め、ピーナッツとともに4に加えて混ぜ合わせる。

6. 器にピーラーで薄切りにしたきゅうりを敷き、食べやすい大きさに切った3を盛り、5をかけ、糸唐辛子をのせる。

鶏胸肉とれんこんのみぞれ煮

れんこんは粘りと食感どちらも活かすのがコツ

材料（2人分）

鶏胸肉...1枚（250g程度）

A
- 酒...大さじ1
- 砂糖...小さじ1/2
- 塩...小さじ1/4

大根...1/3本
れんこん...100g程度
米油...適量

酒...大さじ2

B
- 酢...大さじ2
- しょうゆ、みりん...各大さじ1
- 砂糖...小さじ1

（あれば）青じそ...4枚

作り方

1. 鶏肉は皮を除き、フォークで全体を刺す。ポリ袋に入れ、**A**を加えて袋の上から軽く揉んで30分以上漬け込む。
2. 大根は皮をむいてすりおろし、軽く水けを絞る。
3. れんこんは1/2節皮をむいてすりおろし、残りは粗みじん切りにする。
4. フライパンに米油を中火で熱し、**1**を入れて焼く。両面に焼き色がついたら酒を入れてふたをし、弱火にして5分蒸し焼きにする。
5. **4**に**B**を加え、**2**、**3**を加えてさらに5分ほど煮込む。
6. 鶏肉を1cm厚さのそぎ切りにして器に盛り、せん切りにした青じそをのせる。

鶏胸肉の山椒焼き

山椒のアクセントがあと引くおいしさ

材料（2人分）

鶏胸肉...1枚（250g程度）

A
- 酒...大さじ2
- 白みそ...大さじ1
- 粉山椒...小さじ1/4
- おろしにんにく...小さじ1

米油...適量
ねぎ（白髪ねぎにする）...適量

作り方

1. 鶏肉は皮を除き、フォークで全体を刺す。ポリ袋に入れ、混ぜ合わせた**A**を加えて袋の上から軽く揉んで30分漬け込む。
2. フライパンに米油を中火で熱し、**1**を入れて両面をしっかりと焼く。酒適量（分量外）を加えて弱火にし、ふたをして15分程度蒸し焼きにして火を通す。
3. 1cm厚さのそぎ切りにして器に盛り、白髪ねぎをのせる。

19

蒸し鶏の昆布じめ

Point ♥

"ねかせて蒸す" だけで
グッとおいしい胸肉に

材料（2人分）

鶏胸肉...1枚（250g 程度）
昆布（5×10cm)...2枚
ゆずこしょう...適量

作り方

1. 鶏肉は皮を除く。
2. 昆布1枚に鶏肉をのせ、もう1枚ではさむ。
   ラップでぴっちりと包み、
   数時間から一晩冷蔵庫でねかせる。
3. フライパンに蒸し器をセットし、食材にかからない程度の水
   を入れ、火が通るまで15分程度蒸す（途中沸騰したら弱火にする）。
4. 1cm幅に切って昆布とともに器に盛り、ゆずこしょうを添える。

わさびを
つけても
おいしい

旨みが増した鶏肉に
ゆずこしょうで味を締めて

一皿で体が喜ぶ
ボリュームごはん

香味野菜たっぷりがおすすめ！
さっぱりと食べられます

鶏胸肉と玉ねぎの
香味サラダ

作り方

1. 鶏肉は皮を除き、フォークで全体を刺す。
   ポリ袋（耐熱のもの）に入れ、酒、砂糖、塩
   を加えて袋の上から軽く揉み込む。
2. フライパンに鶏肉が完全につかるくらいの水
   （分量外）を入れて熱し、沸騰したら火を止める。
3. 1を2に入れてふたをし、1時間放置する。
4. 玉ねぎは薄切りにして水にさらす。
   みょうが、青じそはせん切りにする。
5. 3を食べやすい大きさに切って器に盛り、
   4、ライムをのせて、ポン酢をかけていただく。

材料（2人分）

鶏胸肉...1枚（250g程度）
酒...大さじ1
砂糖...小さじ1/2
塩...小さじ1/4
玉ねぎ...1/4個
みょうが...1個
青じそ...4枚
ポン酢、（あれば）ライム、レモンなど...各適量

豚肉

ビタミンが豊富な豚肉もダイエットに欠かせない
食材。脂の少ない部位を選ぶのがポイントです。

とろ〜りチーズと
バジルの風味が広がる

豚肉となすの
くるくる焼き

見た目が
かわいい＆
一口サイズで
食べやすい

Point ❤️

豚肉
↓
バジル
↓
チーズ

材料（2人分）

豚もも薄切り肉…12枚
なす…2本
塩、粗びき黒こしょう…各適量
ピザ用チーズ…適量
バジルの葉…24枚
オリーブ油…適量
白ワイン…適量

作り方

1. なすはへたを落とし、それぞれ縦6枚の薄切りにする。
2. 豚肉は塩、粗びき黒こしょうをまぶす。
3. なすを縦に置き、豚肉、バジル2枚、チーズを順に重ね、
   下からくるくると巻いて爪楊枝で留める。残りも同様に巻く。
4. フライパンにオリーブ油を中火で熱し、3を入れて両面焼く。
5. 白ワインを回しかけ、ふたをして2〜3分蒸し焼きにする。

塩しょうが漬け豚肉の炒め物

材料（2人分）

豚ロース薄切り肉...200g（10枚程度）
塩...小さじ1
しょうがの薄切り...1かけ分
ピーマン...4個
ごま油...適量

作り方

1. 豚肉は両面に塩をすり込み、
   しょうがを2〜3枚のせる。それを
   繰り返し、豚肉をすべて重ねたら
   ラップで包み、冷蔵庫で1日置く。
2. 1を取り出し、3等分に切ってほぐす。
3. ピーマンはへたと種を除き、
   縦に細切りにする。
4. フライパンにごま油を中火で熱し、
   2を入れて炒める。
5. 色が変わってきたらピーマンを
   加えて炒め合わせる。

こんな感じに
重ねて包みます

しょうがの酵素でお肉が
とってもやわらか！

豚肉とれんこんの梅みそ炒め

みそのコクと
梅の酸味が好相性！

材料（2人分）

豚ロース薄切り肉...160g
れんこん...125g
A [梅干し（塩分控えめまたは甘めのもの）...1個
酒、みりん...各大さじ1
みそ...大さじ1/2
万能ねぎ...4本
米油...適量

作り方

1. れんこんはよく洗い、皮つきのまま
   厚さ1〜1.5cmの半月切りにする。
   梅干しは種を取ってたたき、
   Aの他の材料と混ぜ合わせる。
   万能ねぎは5cm長さに切る。
2. フライパンに米油を中火で熱し、豚肉、
   れんこんを重ならないように並べ入れる。
   それぞれじっくりと焼きつけ、
   火が通ってきたら**A**、万能ねぎを加えて
   全体を炒め合わせる。

豚肩ロースとキャベツのビネガー蒸し煮

材料（2人分）

豚肩ロースかたまり肉…250g
キャベツ…1/2個
砂糖、塩…各小さじ1
オリーブ油…適量
おろしにんにく…少々
塩、粗びき黒こしょう…各適量

A
｜ 水…2カップ
｜ ローリエ…1枚
｜ 白ワインビネガー…50ml
（あれば）粒マスタード…適量

作り方

1. 豚肉は、砂糖、塩を全体にすり込み、冷蔵庫に入れて2～3時間置く。
2. キャベツは5cm四方に切る。
3. 1を室温にもどして一口大に切り、塩、粗びき黒こしょうをふる。
4. 深めのフライパンにオリーブ油、おろしにんにくを中火で熱し、香りが立ったら3を入れて焼く。
5. 焼き目がついたらキャベツ、Aを入れ、ふたをして弱火で30分ほど煮込む。
6. 器に盛り、粒マスタードを添える。

くったりキャベツに
肉の旨みと爽やかな
酸味が染み込む

加熱したきゅうりの味と食感がクセになる！

豚肉ときゅうりのポン酢蒸し

材料（2人分）
豚ヒレかたまり肉...100g
きゅうり...1本
おろし大根...適量
ポン酢...大さじ1
塩、粗びき黒こしょう...各適量

高タンパクなヒレ肉とカリウム豊富なきゅうりの組み合わせ！

作り方
1. 豚肉は1cm厚さに切る。きゅうりはピーラーで薄切りにする。
2. フライパンにきゅうりを敷きつめ、その上に豚肉を並べる。中央におろし大根をのせ、塩をふる。ポン酢を加えてふたをし、5〜6分蒸す。器に盛り、粗びき黒こしょうをふる。

ひき肉

ヘルシーな鶏ひき肉が大活躍。変幻自在だから
料理のバリエーションが広がります。

軟骨のコリッと
食感で
満足度アップ

爽やかな風味が広がり、
たれ無しでおいしい一品

軟骨入り鶏レモンつくね

材料（4人分）

鶏ひき肉…300g　　酒…大さじ1
鶏軟骨…200g　　　ごま油…適量
しょうが…20g　　　レモン…1/2個
塩…小さじ1/2

作り方

1. 軟骨、しょうがはみじん切りにする。
2. ボウルにひき肉、1、塩、酒を入れて
   よく練り混ぜ、一口大に丸める。
3. フライパンにごま油を中火で熱し、
   2を入れて両面に焼き色をつける。
4. 半月切りにしたレモンをのせてふたをし、
   弱火にして6分程度焼く。

材料（2人分）

鶏ひき肉…100g
大根…250g
玉ねぎ…1/4個
生きくらげ…50g

A
片栗粉、
紹興酒（なければ酒）…各大さじ1
しょうゆ…小さじ2
おろししょうが、
顆粒鶏ガラスープの素…各小さじ1
ごま油…小さじ1/2

B
ごま油…適量
水…大さじ2
紹興酒（なければ酒）…大さじ1

作り方

1. きくらげ、玉ねぎはみじん切りにする。
2. 大根は皮をむいて2mm厚さの半月切りに
   する。
3. ボウルにひき肉、1、**A**を入れて粘りが
   出るまで混ぜ合わせる。
4. 大根を3枚一組にし、
   大根、3、大根の順に交互に重ねる。
5. フライパンにごま油を中火で熱し、
   4を並べ入れる。ジューッと焼ける音が
   してきたら**B**を入れてふたをし、
   弱火にして5分程度蒸し焼きにする。

重ねるとボリューム
アップ！きくらげの食感
がアクセントに

罪悪感無く
もりもり食べられるのが嬉しい

鶏ひき肉と大根の重ね蒸し

タンパク質以外の栄養価も高いのでお気に入りの食材。週末のおつまみにもよく登場します。

材料（1人分）

砂肝…100g
玉ねぎ…1/4個
酒、ポン酢…各適量
万能ねぎ…1/2束
一味唐辛子…適量

作り方

1. 砂肝は食べやすい大きさに切る。
   玉ねぎは薄切りにし、5〜10分水にさらす。

2. フライパンにたっぷりの水（分量外）を入れて
   沸騰させ、酒、砂肝を入れてゆでる。
   ざるにあげて冷水に取り、
   冷蔵庫で30分程度冷やす。

3. 器に水けをきった玉ねぎ、砂肝を盛り、
   ポン酢をかける。小口切りにした
   万能ねぎをのせ、一味唐辛子をふる。

失敗知らず！ささっと
作れるお手軽な一品

砂肝ポン酢

レバー

栄養の宝庫とも呼ばれ、ダイエット、健康、
美容を意識する女性におすすめの食材。

材料（2人分）

鶏レバー…100g
酒…適量
A │ おろししょうが…3g
　　│ だししょうゆ（なければしょうゆ）…小さじ1
しょうがのせん切り…薄切り2枚分

作り方

1. レバーは白い脂肪部分を取り、血を拭き取る。

2. フライパンにたっぷりの水（分量外）を入れて
   沸騰させ、酒、レバーを入れてゆでる。
   ざるにあげて水けをきる。

3. ボウルに**A**を合わせ、レバーを入れて
   あえる。器に盛り、しょうがをのせる。

油を使わずしょうがの風味で
さっぱりヘルシーに

鶏レバーの
しょうがじょうゆあえ

しょうがでレバーの
臭みが気にならない。
美容にいいおつまみです

さば

調理しやすく、食べごたえのあるさばは、よく食卓
に並びます。時短に嬉しい缶詰があるのも魅力。

材料（2人分）

さば缶（水煮）...1/2缶　　　しょうゆ...小さじ 1/4
木綿豆腐...150g　　　　　　ごま油...適量
トマト...1個　　　　　　　　青じそ...1〜2枚
みそ...小さじ2

作り方

1. 豆腐はペーパータオルで包み、水けを取る。
2. トマトは1cm角に切る。
   青じそはせん切りにする。
3. ボウルに缶汁をきったさば、トマト、みそ、
   しょうゆを入れて混ぜ合わせる。
4. 1を半分に切って器に盛り、
   3を半量ずつのせる。ごま油をかけ、
   青じそをのせる。

のせるだけで魚と豆腐の
タンパク質がダブルで摂れる！

さば缶とトマトののっけ豆腐

さばく手間がなく、すぐに使えるのが魅力。
和食にも洋食にも合うので使い勝手抜群です。

さけ×みそは好相性。
やさしい甘みが広がります

さけのみそ焼き

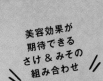

材料（2人分）

生ざけ...2切れ

A 白みそ（なければみそ）
...大さじ1と1/2
酒、みりん...各小さじ1

米油...適量

（あれば）みょうが...1/2個

作り方

1. さけはペーパータオルで水けを拭き取る。
2. **A**を混ぜ合わせてポリ袋に入れ、さけを加えて揉み込む。
   冷蔵庫に入れて30分程度置く。
3. フライパンに米油を中火で熱し、さけの皮目を下にして並べ入れる。
   ふたをして弱火にし、こんがりと焼き色がつくまで2〜3分焼いて
   裏返し、ふたをしてさらに2分ほど焼く。
4. 器に盛り、縦に半分にしたみょうがを添える。

美容効果が
期待できる
さけ＆みその
組み合わせ

P.84の
"いぶりがっこ
タルタル"も
ぜひ作ってほしい

バターのコクと、
いぶりがっこタルタルがアクセント

さけのムニエル

材料（2人分）

生ざけ...2切れ
塩、こしょう、小麦粉...各適量
バター...10g
いぶりがっこタルタル（P.84参照）...適量

作り方

1. さけはペーパータオルで水けを拭き取り、
   塩、こしょうをする。
2. 両面に小麦粉をまぶす。
3. フライパンにバターを中火で熱し、
   さけの皮目を下にして並べ入れる。
   ふたをして弱火にし、こんがりと焼き色が
   つくまで2〜3分焼いて裏返し、ふたをし
   てさらに2分ほど焼く。
4. 器に盛り、いぶりがっこタルタルを添える。

あじ

年間を通して手に入りやすい食材なので、日々の
食卓にもおもてなしの食卓にもよく並びます。

パリッとした皮の香ばしさとふんわり
クミンの香りが広がる

あじのクミンみそ炒め

材料（2人分）

あじ...3尾（三枚おろし）
塩...ふたつまみ
A
　酒...大さじ2
　白みそ（なければみそ）...大さじ1
　おろしにんにく...3g
　クミンシード...2g
片栗粉...小さじ2
米油...適量

作り方

1. あじは小骨がある場合は抜き、腹骨
   をすき取って塩をふり、5〜10分置く。
2. ボウルに A を混ぜ合わせる。
3. 1 で出た水けを拭き取り、
   片栗粉をまぶす。
4. フライパンに米油を中火で熱し、
   3 を皮目から焼く。表面が白く
   なってきたら裏返し、2 を加えて
   強火で全体を炒め合わせる。

ケッパーの酸味と
チーズの
まろやかさが
好相性！

日本酒にも、ワインにも合う一品

あじとクリームチーズの
なめろう風

材料（2人分）

あじ（刺身用）...1パック
クリームチーズ...10g
ケッパー（酢漬けタイプ）...10粒
レモン果汁...小さじ1
万能ねぎ...適量

作り方

1. ケッパーはみじん切りにする。
   万能ねぎは小口切りにする。
2. あじはぶつ切りにしてボウルに入れ、
   ケッパー、レモン果汁、
   クリームチーズを加えて混ぜ合わせる。
3. 器に盛り、万能ねぎを散らす。

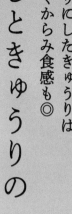

あじときゅうりの梅肉あえ

蛇腹切りにしたきゅうりは味がよくからみ食感も◎

材料（2人分）

あじ…3尾（三枚おろし）
塩…ふたつまみ
きゅうり…2本
梅干し（種を取ってたたく）…1個分
米油…適量

A
酢…大さじ3
みそ…大さじ1
砂糖…小さじ1
白すりごま…大さじ1

白いりごま…少々

作り方

1. あじは小骨がある場合は抜き、腹骨をすき取って塩をふり、5～10分置いて水けを拭き取る。

2. きゅうりは縦半分に切り、斜めに深く切り込みを入れる。塩（分量外）をまぶしてしばらく置き、水けを拭き取って食べやすい大きさに切る。

3. フライパンに米油を中火で熱し、あじを皮目から焼く。両面をこんがりと焼いて取り出し、身をほぐす。

4. ボウルに梅干し、Aを混ぜ合わせ、2、3を加えてあえる。

5. 器に盛り、白いりごまをふる。

脂ののった身に、さわやかな
梅&しそがよく合います

さんまの梅みそ焼き

材料（1人分）

さんま…1尾（または開いたもの）
梅干し（種を取ってたたく）…1個分
みそ…小さじ1
青じそ…4枚
ごま油、酒…各少々

作り方

1. さんまは三枚におろし、長さを半分に切る。
2. ボウルに梅干し、みそを入れて混ぜ合わせる。
3. 1に2、青じそを重ねて端からくるくると巻き、
   巻き終わりを爪楊枝で留める。
   残りも同様に作る。
4. フライパンにごま油を中火で熱し、
   3を入れて両面を焼く。焼き色がついたら
   酒を加えてふたをし、弱火にして蒸し焼きに
   する。

ぶり

お肉のような食感で食べごたえ満点！
切り身で売られている手軽さも◎。

材料（2人分）

ぶり…3切れ	だし汁、酢…各1/2カップ
ピーマン…2個	**A** 砂糖…大さじ2
にんじん…1/3本	しょうゆ…小さじ2
みょうが…2個	片栗粉、米油…各適量

作り方

1. ボウルにAを混ぜ合わせる。
2. ぶりに塩（分量外）をふり、5分置く。
3. ピーマンはへたと種を除き、せん切りにする。
   にんじんは皮をむいてせん切り、みょうがも
   せん切りにする。1に入れて漬ける。
4. ぶりの水けをペーパータオルで拭き取り、
   食べやすい大きさに切ってから
   片栗粉をまぶす。
5. フライパンに多めの米油を中火で熱し、
   4を揚げる。カリッと揚がったら
   3に加えて全体をさっと混ぜる。

野菜もたっぷり
食べられる
箸が止まらない一品

ぶりの南蛮漬け

脂質が少ない優秀な食材！ そのまま食べるのは
もちろん、すり身にもできて使い勝手も抜群です。

材料（1人分）

生だら…1切れ
塩…少々
昆布（5×10cm）…1枚
日本酒…大さじ2
万能ねぎ…適量

作り方

1. たらは腹骨などがあればそぎ取る。
   塩をふり、10分程度置く。
2. フライパンにアルミホイルを敷き、
   その上に昆布をのせる。
3. たらの水けをペーパータオルで拭き取り、
   2の上に置いて日本酒をかけてホイルで包む。
4. フライパンに水（分量外）を深さ1cm程度入れ、
   弱火で10分程度蒸し焼きにする。
5. アルミホイルから出して昆布とともに器に
   盛り、万能ねぎをのせる。

シンプルだけど
この一手間で
旨みが増し増しに

たらの昆布日本酒蒸し

かつお

刺身で食べられるから忙しい日におすすめ。
さくで買って大きめに切るのが美月流です。

かつおはたたきでも
OK！ゆず果汁がない
ときは、レモンでも◎

材料（2人分）

かつお（刺身用・さく）…1パック
A ┃ コチュジャン、白すりごま…各大さじ1
  ┃ オイスターソース、はちみつ、ゆず果汁
  ┃ …各大さじ1/2
  ┃ おろしにんにく…少々
万能ねぎ、玉ねぎ、青じそ…各適量

作り方

1. ボウルにAを入れて混ぜ合わせる。
2. 玉ねぎは薄切りにして5〜10分水にさらす。
   万能ねぎは小口切りにする。
3. かつおは2cm幅に切り、
   1に加えて混ぜ合わせる。
4. 器に青じそ、水けをきった玉ねぎを敷き、
   3をのせてねぎを散らす。

厚めに切って
韓国だれを
たっぷりからめて

かつおの韓国風漬け

えび

高タンパクで低脂質なえびは、どんな料理にも
使いやすくておもてなしにも喜ばれる大好きな食材。

材料（2人分）

えび（無頭・殻付き）...10尾
ギョーザの皮（大判）...10枚
鶏ひき肉（または豚赤身ひき肉）...100g
玉ねぎ...1/4 個

- A
  - 酒...大さじ1
  - しょうゆ、おろししょうが
    ...各小さじ1
  - 塩...小さじ1/4
  - こしょう...少々
  - ごま油...小さじ1/2
- B
  - 水...大さじ1
  - 片栗粉...小さじ1

黒酢...適量

作り方

1. えびは尻尾を残して殻をむき、背わたを取る。
   腹側に数ヵ所切り込みを入れてまっすぐにのばす。
2. 玉ねぎはみじん切りにする。
3. ボウルにひき肉、2、Aを入れて粘りが出るまで練る。
4. ギョーザの皮に3を1/10量、1を1尾のせ、Bの水溶き
   片栗粉をふちにつけて包む。残りも同様に包む。
5. フライパンに蒸し器をセットし、食材にかからない程度の水
   を入れる。
   4を並べ、ふたをして5分蒸す（途中沸騰したら弱火にする）。
   好みで黒酢をつけていただく。

一口で大満足な
ボリュームのある一皿！
えびの蒸しギョーザ

ふわふわな食感とコロッとした
見た目がかわいい

しいたけのえびしんじょ

材料（1〜2人分）

えび（無頭・殻付き）...8尾
しいたけ...8個

A
はんぺん...1/2枚
片栗粉...大さじ1
酒...小さじ1
おろししょうが...小さじ1

からし...適量

作り方

1. えびは尻尾を取って殻をむき、背わたを取る。
2. しいたけは石づきを除き、
   かさと軸に分ける。
3. 1、しいたけの軸、A をフードプロセッサーに
   入れて攪拌する。
4. 3 のタネを8等分して丸め、しいたけのかさ
   の内側にのせる。
5. フライパンに蒸し器をセットし、食材にかか
   らない程度の水を入れる。4 をのせ、ふたを
   して 10〜15 分蒸す（途中沸騰したら弱火に
   する）。
6. 器に盛り、からしを添える。

ほたて

食材は大きめのサイズで調理するのがポイント。
ゴロリとした見た目で満足感アップ！

材料（2人分）

ほたて貝柱（生食用）...8個
アボカド...1個

A
しょうゆ、わさび、
レモン果汁
...各小さじ1

作り方

1. ほたては半分に切る。
   アボカドは種を取って皮をむき、
   一口大に切る。
2. A は混ぜ合わせる。
3. 2 に 1 を加えて、
   アボカドが崩れないように
   軽く全体をあえる。

ほたてとアボカドは
大きめに
切るのがおすすめ

アボカドがからみ、
もったりとした食感が楽しい

ほたてとアボカドのわさびあえ

たこ

生でも炒めても蒸してもおいしいたこは、
美月レシピの中でよく登場する食材の一つ。

菜の花のシャキッとした
食感を残すのがコツ

たこと菜の花の
塩麹炒め

材料（2人分）

ゆでだこ...100g　　酒...大さじ2
菜の花...1束　　　塩麹...小さじ2
米油...適量

作り方

1. たこは一口大に切る。
2. 菜の花は塩（分量外）を加えた熱湯で40秒
   ほどゆでる。水けを絞って長さを半分に切
   る。
3. フライパンに米油を中火で熱し、菜の花、
   たこを入れて炒める。
4. 全体に油が回ったら酒、塩麹を加えて全体
   になじませるように炒める。

たことほうれん草の
オイル蒸し

にんにくの香りを
しっかりとオイルに
移すのがポイント

材料（2人分）

ゆでだこ...50g
ほうれん草...1束
にんにく...1かけ
オリーブ油...大さじ1
塩...ひとつまみ
粗びき黒こしょう...少々

作り方

1. にんにくは薄切りにする。たこは一口大に切る。
2. ほうれん草は根元を除いてよく洗い、
   熱湯で40秒ほどゆでる。
   水けを絞って半分に切る。
3. フライパンにオリーブ油を中火で熱し、
   にんにくを入れて炒める。
   香りが立ったらたこを加えて炒める。
4. 3にほうれん草の茎の部分を加えて炒め、
   しんなりしたら葉の部分も加えて炒める。
5. 全体がしんなりとしたらふたをして蒸し
   焼きにし、塩、粗びき黒こしょうで味を調える。

大人の塩辛い味にも、コクのあるクリーミーな
味にも合うかきレシピは、本書にも多数登場します！

かきのゆずこしょう焼き

材料（2人分）

かき...8個
片栗粉...大さじ1
A
　酒...大さじ1
　しょうゆ...小さじ1
　みりん...小さじ1/2
　ゆずこしょう...小さじ1/4
米油、万能ねぎ...各適量

プリップリの食感が大好物！
ゆずこしょうとも好相性

かきとほたての 青のりガーリックバター

バターのコクと
にんにくの
パンチがやみつきに！

材料（2人分）

かき...5〜6個
片栗粉...大さじ1
ほたて貝柱...5〜6個
にんにく...1かけ
バター...10g
青のり...適量
塩...ひとつまみ

作り方

1. ボウルにかきを入れて片栗粉をまぶし、軽く混ぜる。浸る程度の水（分量外）を加えて優しく洗う。水を2〜3回かえて洗い、ペーパータオルで押さえてしっかりと水けを拭き取る。ほたては半分に切る。にんにくは薄切りにする。

2. フライパンにバターを中火で熱し、にんにくを入れて炒める。香りが立ったら、かき、ほたてを入れてさらに炒める。

3. 火が通ったら青のり、塩を加えて味を調える。

作り方

1. ボウルにかきを入れて片栗粉をまぶし、軽く混ぜる。浸る程度の水（分量外）を加えて優しく洗う。水を2〜3回かえて洗い、ペーパータオルで押さえてしっかりと水けを拭き取る。

2. Aは混ぜ合わせておく。
万能ねぎは小口切りにする。

3. フライパンに米油を中火で熱し、かきを入れて焼く。

4. 火が通ったら弱火にし、混ぜ合わせたAを加えて炒め合わせる。

5. 器に盛り、万能ねぎをのせる。

卵

手軽にタンパク質を摂るなら卵！　ゆで卵よりも、
ふわふわ食感になる調理法＋野菜のレシピが好きです。

クタッとした
レタスでふわふわ卵を
巻いて食べて

ふわっとした卵で
幸せな気分に

レタスの卵のっけ

材料（2人分）

卵…2個
レタス…2〜3枚

A
| 水…大さじ1
| 顆粒鶏ガラスープの素…小さじ1
| XO醬…小さじ1/4
| 粗びき黒こしょう…少々

米油…適量

作り方

1. フライパンに水適量（分量外）を
   入れて沸騰させ、レタスを入れて食
   感が残る程度にゆがく。ざるにあげ
   て水けをきる。
2. ボウルに卵を割り入れ、
   Aを加えて混ぜ合わせる。
3. フライパンに米油を中火で熱し、
   2を入れてふわっと炒める。
4. 器に**1**を敷き、**3**をのせる。

材料（2人分）

卵…2個
ミニトマト…6個

A
| だししょうゆ（なければしょうゆ）、
| 砂糖…各小さじ1/2
| 酒…小さじ1

米油…適量

作り方

1. トマトはへたを除き、縦半分に切る。
2. ボウルに卵を割り入れ、
   Aを加えて混ぜ合わせる。
3. フライパンに米油を多めに入れて中
   火で熱し、トマトを入れて炒める。
   少ししんなりとしたら**2**を加えて
   ふんわりと炒める。

卵とトマトのふんわり炒め

ふわとろ食感と
トマトの酸味＆甘みが
口いっぱいに広がる

アボカドは
やわらかめと固めで
それぞれ違った味わいに

アボカドと
卵のふんわり炒め

材料（2人分）

卵...2個
アボカド...1/2個
A | 塩...ひとつまみ
| しょうゆ...小さじ1/4
| 粗びき黒こしょう...少々
米油...適量

作り方

1. アボカドは一口大に切る。
2. ボウルに卵を割り入れ、**A** を入れて混ぜ合わせる。
3. フライパンに米油を多めに入れて中火で熱し、**2** を流し入れ、アボカドを加える。
4. まわりが固まってきたらヘラなどで中央から軽く混ぜ合わせる。

長芋で
ボリュームアップ！

ふわっ、とろっが楽しい一品。
長芋の食感を残すのもおすすめ

長芋の卵焼き

材料（2人分）

卵...2個
長芋...40g
A | だし汁...大さじ2
| しょうゆ、砂糖...各小さじ1/4
米油...適量

作り方

1. 長芋はすりおろす。
2. ボウルに卵を割りほぐし、1、**A** を加えて混ぜ合わせる。
3. 卵焼き器に米油を中火で熱し、**2** の卵液を適量流して焼く。半熟になったら奥から手前へ巻き、奥へ寄せる。これを数回くり返す。
4. 一口大に切り、器に盛る。

COLUMN 1

蒸し料理が楽しくなる
せいろを紹介！

蒸し料理ではせいろを使うことも多く、とってもおすすめの調理器具です。
「身近なフライパンで簡単調理！」をテーマとするこの本ではあえて
使用しませんでしたが、せいろについての質問もいただくのでここで紹介します。

一生ものとして購入した
照宝のせいろ
しょうほう

横浜中華街にある「照宝」で購入
白木せいろ 21㎝
蒸し板 23㎝

このまま
食卓へ♪

せいろの
ココがすごい！

CHECK POINT

☑ **とにかくヘルシー**
油を使わないので、カロリーカットができ
ます。夜ご飯が少し遅くなっても罪悪感な
く食べられるのがうれしい。

☑ **簡単・時短！　失敗知らず**
食材を入れて火にかけておくだけなので
とにかく簡単！　その間に他の作業もで
きるので、時短になり、炒めすぎ、焼きす
ぎなどの失敗もゼロ！

☑ **栄養もおいしさもそのまま**
ゆでる調理法より栄養成分を逃しにくく、
野菜の甘みも感じられます！　調味料な
しでもすっごくおいしいんです。

☑ **そのまま食卓に出せる**
せいろに入っているだけでおしゃれなの
で、蒸し上がったらそのまま食卓へ。見た
目もにぎやかになるので、おもてなしをす
るときにもよく登場させます。

How to USE!
せいろの使い方

1

鍋にたっぷりの水を入
れ、蒸し板をのせます。
自宅にある鍋と、せいろ
のサイズが合わないと
きは、蒸し板を挟めば
フィット。

2

鍋を火にかけ、蒸気が上
がったら材料を入れたせ
いろをセットするだけ。

"酵素"たっぷりの手間なし副菜

なんてったって
あえ物主義！

簡単&時短

ここで紹介するあえ物は、すべて火を使わずに作ることが
できます。切ってあえるだけなので、とにかく簡単、時短！
いつもの食材に、違う食材・調味料を掛け合わせることで、
バリエーションも無限大です。果物と野菜の組み合わせな
どもぜひ参考にしてみてください。

生のまま調理して
生きた酵素をたっぷり

美月ご飯に欠かせないのがあえ物の副菜です。特に、火を使わないあえ物は、忙しい日々の献立作りを助けてくれるだけでなく、酵素もたっぷりと摂取できるので、モデルとして体型を維持していくためにも欠かせないものとなっています。

酵素は消化を助けたり、食べたものをエネルギーに変えたりする働きがあり、生の食材に多く含まれています。

ぜひ積極的に食べていただきたいですし、あと一品！に困ったときにも活用してくださるとうれしいです。

体がよろこぶ
一品に♪

トマト

トマトは美肌効果もあるので
よく食べる食材の一つ！

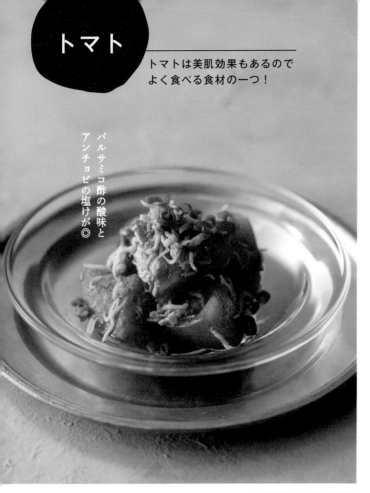

バルサミコ酢の酸味と
アンチョビの塩けが◎

トマトとしらすの
アンチョビあえ

材料（2人分）

トマト...1個
釜揚げしらす...適量
万能ねぎ...10〜20g
アンチョビフィレ...2〜3枚
バルサミコ酢...少々

作り方

1. トマトはへたを除いて一口大に切る。
   万能ねぎは小口切りにする。
   アンチョビは細かく刻む。
2. ボウルに 1、しらす、バルサミコ酢を
   入れて混ぜ合わせる。

リコピンたっぷりで
彩りも鮮やか♪

ゆずの風味がさわやか。
塩麹にも酵素がたっぷりです！

紫玉ねぎとミニトマトの
ゆず塩麴あえ

材料（2人分）

ミニトマト...10個
紫玉ねぎ...1/2個
A｜塩麴、はちみつ...各小さじ 1/4
　｜ゆず果汁...小さじ 1

作り方

1. トマトはへたを除いて半分に切る。
2. 玉ねぎは薄切りにし、5〜10分水に
   さらす。
3. ボウルに 1、水けを絞った 2、A を
   入れて混ぜ合わせる。

にんじん

食卓を明るくしてくれる色鮮やかな
にんじんは、常備菜としても大活躍。

タンパク質と組み合わせて
腹持ち抜群の副菜に

にんじんの白あえ

材料（作りやすい分量）

にんじん…1本
絹ごし豆腐…200g（約2/3丁）
塩…少々

A
- しょうゆ…大さじ1
- 砂糖…小さじ2
- 白ねりごま…小さじ1

作り方

1. にんじんはスライサーで薄切りにしてからせん切りにし、塩をふって揉み込み、5分置く。
2. 豆腐はペーパータオルで包み、水けをきる。
3. ボウルに2、Aを入れ、ゴムベラで潰し、なめらかになるまで練る。
4. 3に水けを拭き取った1を加えてあえる。

パパッと作れて
箸が止まらない！

にんじんのからしあえ

材料（2人分）

にんじん…1/2本
塩…少々

A
- 酢…小さじ2
- だししょうゆ（なければしょうゆ）、砂糖、からし…各小さじ1/2

作り方

1. にんじんはスライサーで薄切りにしてからせん切りにし、塩をふって揉み込み、5分置く。
2. ボウルにAを混ぜ合わせ、水けを拭き取った1を加えてよくあえる。

酸味とやさしい甘みの
バランスがいい

干しぶどうとくるみのキャロットラペ

材料（作りやすい分量）

にんじん…1本
塩…少々

A
- 白バルサミコ酢…大さじ2
- オリーブ油…大さじ2
- 干しぶどう…30g
- くるみ（砕く）…30g
- 粗びき黒こしょう…少々

作り方

1. にんじんはスライサーで薄切りにしてからせん切りにし、塩をふって揉み込み、5分置く。
2. ボウルにAを混ぜ合わせ、水けを拭き取った1を加えてあえる。

45

やさしい甘みとシャキシャキ食感が魅力。
葉も使えて余すところなし！

撮影時、スタッフ全員が大絶賛した一品

かぶと紫玉ねぎの
チリヨーグルトあえ

材料（作りやすい分量）

かぶ...2個
紫玉ねぎ...1個
塩...適量
プレーンヨーグルト...大さじ3
チリソース...大さじ1
（あれば）チリパウダー...適量

作り方

1. かぶは葉を切り落とし、皮をむいて縦半分に切り、3mm幅のいちょう切りにする。玉ねぎは薄切りにする。
2. ボウルに1、塩を入れてよく揉み込み、5分ほど置いて水けを絞る。
3. ボウルにヨーグルト、チリソースを入れて混ぜ合わせ、2を加えてあえる。器に盛り、チリパウダーをふる。

栄養豊富な葉も捨てずに使って

かぶのゆずこしょうあえ

材料（2人分）

かぶ...1個
ゆずこしょう...少々

作り方

1. かぶは葉を切り落とし、皮をむいて縦半分に切り、2mm幅のいちょう切りにする。葉は1cm幅に刻む。
2. 1にゆずこしょうを軽く揉み込み、5分ほど置く。

使い勝手のいい副菜の定番食材！

材料（2人分）

白菜...200g（1/8株）
塩...小さじ1
塩昆布...5g
赤唐辛子...1本
ごま油...小さじ2

作り方

1. 白菜はざく切りにする。
   ボウルに入れて塩を揉み
   込み10分置く。
2. 唐辛子は小口切りにする。
3. 1がしんなりとしたら
   水けを絞り、
   塩昆布、2、ごま油を
   加えてさらに揉み込む。

あまりがちな白菜はこのレシピで大量消費！

白菜と塩昆布の浅漬け

色鮮やかで食卓が映える！

カルダモンの
さわやかな香りがアクセントに

紫キャベツのマリネ

材料（作りやすい分量）

紫キャベツ...1/4個

A
白バルサミコ酢...大さじ1
オリーブ油...大さじ1
はちみつ...小さじ1/2
白こしょう、カルダモン、塩...各少々

作り方

1. 紫キャベツはせん切りにする。
2. ボウルに1、Aを入れて混ぜ合わせ、
   5分ほど置く。

47

セロリ

シャキッと食感がアクセントに。

セロリのパンチが少しマイルドに

セロリと干しぶどうのマリネ

材料（2人分）

セロリ（茎の部分）...1本分
干しぶどう...10粒程度

A
はちみつ...少々
オリーブ油...大さじ1〜2
白バルサミコ酢...小さじ1〜2

作り方

1. セロリは筋を除き、せん切りにする。
2. ボウルに1、干しぶどう、Aを入れて漬け込む。

おつまみにも最適な一品

長芋のおかか梅あえ

材料（2人分）

長芋...100g
梅干し...1個

A
薄口しょうゆ、
みりん...各小さじ1/2
削り節...3g

作り方

1. 長芋は皮をむいて短冊切りにする。
2. 梅干しは種を取ってたたく。
3. ボウルに1、2、Aを入れてあえる。

長芋

ねばねば&食感が楽しい食材。

アボカド

栄養満点で美容効果も抜群！

クリーミーな食感に負けないガツンとわさび味

アボカドの生のりわさびあえ

材料（2人分）

アボカド...1個　　　わさび、みりん...各小さじ1
生のりの佃煮...小さじ2

作り方

1. ボウルに生のりの佃煮、わさび、みりんを入れて
   練り合わせる。
2. アボカドは種を取って皮をむき、一口大に切り、
   1に加えてさっくりとあえる。

Aはドレッシングとしても使える！

茎わかめとちくわの みそマヨあえ

材料（2人分）

| 茎わかめ...150g
ちくわ...3本 | A | 白すりごま...大さじ3
マヨネーズ...大さじ2
酢...大さじ1
みそ...小さじ2
しょうゆ...小さじ1 |

作り方

1. 茎わかめは水（分量外）につけて塩抜きし、
   3〜4cm長さに切る。
   ちくわは1cm幅の斜め切りにする。
2. ボウルにAを混ぜ合わせ、1を加えてあえる。

材料（作りやすい分量）

ズッキーニ...1本
マッシュルーム（白）...5〜10個
レモンの皮、チーズ（ハードタイプ）
...各適量

| A | オリーブ油、
白バルサミコ酢...各大さじ1 |

粗びき黒こしょう...少々

ぜひ生で食べて
みてください

作り方

1. ズッキーニ、マッシュルームは
   スライサーで薄切りにする。
2. 器に1を並べ、レモンの皮、チーズを
   すりおろしながらかける。
   上からAをそれぞれ回しかけ、
   粗びき黒こしょうをふる。

生で食べるから食感が楽しい

ズッキーニとマッシュルームの レモンチーズがけ

ポリポリした食感が
楽しい一品！

素材の旨みを活かして

切り干し大根と 干ししいたけの塩麹あえ

材料（1〜2人分）

切り干し大根...30g
干ししいたけ...1個

| A | 干ししいたけのもどし汁、塩麹、
ナンプラー...各小さじ1/2
白だし...小さじ1/4 |

作り方

1. 切り干し大根は水（分量外）でもどし、
   食べやすい長さに切る。
2. 干ししいたけは水（分量外）でもどして
   細切りにし、もどし汁は捨てずに取っておく。
3. ボウルに水けを絞った1、2、Aを
   入れて混ぜ合わせる。

たこ

「切ってあえるだけ」「どんな味つけにも合う」
万能すぎて大好きな食材。

材料（2人分）

ゆでだこ...100g
青じそ...10枚

A
オリーブ油...大さじ1
白ワインビネガー...小さじ2
レモン果汁...小さじ1
しょうゆ...小さじ1/2

作り方

1. たこは薄いそぎ切りにし、器に盛る。
2. 青じそはみじん切りにする。
3. ボウルにA、2を入れて混ぜ合わせ、1にかける。

青じそをたっぷり使うのがポイント

たこの青じそソース

材料（2人分）

ゆでだこ...100g
春菊...1/2束
グレープフルーツ...1/2個
オリーブ油...適量
バルサミコ酢...大さじ1

作り方

1. たこは一口大に切る。春菊は葉先をつみ、茎の太い部分は斜め切りにする。
2. グレープフルーツは皮をむいて一口大に切る。
3. ボウルに1、2、オリーブ油、バルサミコ酢を入れてあえる。

たこの食感で
ボリュームの
ある一品に

グレープフルーツと春菊の苦みがクセになる

たこと春菊のフルーツマリネ

きゅうりはおろすことで
たこにからむように♪

きゅうりは2種類の切り方で味と食感を楽しむ

たこのみどり酢

材料（2人分）

ゆでだこ…100g
きゅうり…1本

A | 酢…大さじ1
A | 砂糖…小さじ1
A | 白すりごま…少々

作り方

1. たこは一口大に切る。
2. きゅうりは2/3をすりおろし、
   残りをせん切りにする。
3. ボウルに1、A、すりおろしたきゅう
   りを入れてあえる。
4. 器に盛り、せん切りにした
   きゅうりをのせる。

さっぱりした中に、にんにくの
パンチが効いてる

たことトマトの
オリーブマリネ

材料（2人分）

ゆでだこ…100g
トマト…1個
グリーンオリーブ…10粒

A | オリーブ油…適量
A | レモン果汁…小さじ1
A | おろしにんにく…少々
粗びき黒こしょう…少々

作り方

1. たこ、トマトは一口大に切り、
   オリーブは輪切りにする。
2. ボウルに1、Aを入れて
   混ぜ合わせ、粗びき黒こしょう
   で味を調える。

果物

果物の甘みが独特な風味の食材や、
酸味のある味つけとよく合います！

とろけるような食感が豆腐とよく合います

マンゴーの白あえ

材料（作りやすい分量）
絹ごし豆腐...150g（1/2丁）
冷凍マンゴー...適量
砂糖...小さじ1
レモン...適量

作り方
1. 豆腐はペーパータオルで
   包んで水きりをする。
2. マンゴーは室温にもどす。
3. ボウルに1、砂糖を入れて潰し
   ながら混ぜ、なめらかになったら
   2を入れてあえる。
4. 器に盛り、レモンを添える。

パイナップルの
ジューシーさで
セロリも食べやすい

セロリが苦手な人でもパクパク食べられる

パイナップルと
セロリのマリネ

材料（2人分）
パイナップル...130g
セロリ（茎の部分）...1本分
A｜オリーブ油...大さじ1
　｜白バルサミコ酢...小さじ2
　｜塩...ひとつまみ
粗びき黒こしょう...適量

作り方
1. セロリは筋を除き、2cm幅に切る。
   パイナップルは一口大に切る。
2. ボウルに1、Aを入れてあえ、
   粗びき黒こしょうで味を調える。

砂糖は入れず、柿の甘みのみ

柿と大根のなます

クセになる味！
黒こしょうをかけるのもおすすめ

柿とクリームチーズの
ミントサラダ

材料(作りやすい分量)

大根…150g　　柿…1/2個　　酢…小さじ2

作り方

1. 大根と柿は皮をむいて5cm長さの細切りにする。
2. ボウルに1、酢を入れて揉み込む。

材料(作りやすい分量)

柿…1/2個　　クリームチーズ…30g　　ミント…適量

作り方

1. 柿は皮をむいて種を除き、乱切りにする。
2. クリームチーズは室温にもどしてやわらかくする。ミントは洗い、葉だけつむ。
3. ボウルに1を入れ、2のクリームチーズを全体にからめ、ミントの葉を飾る。

Point ♥
ディルの香りが
アクセント

独特の風味のあるディルは果物とも好相性

柿とかぶのディルあえ

さっぱりさの中に柿の甘みが広がる

柿とキャベツのサラダ

材料(作りやすい分量)

柿…1/2個　　かぶ…1/2個　　塩…少々
ディル…適量
A｜白ワインビネガー…大さじ1　　オリーブ油…少々

作り方

1. 柿、かぶは皮をむいて縦半分に切り、5mm幅のいちょう切りにする。
2. かぶに塩をふって揉み込み、しんなりとさせる。ディルは葉をつむ。
3. ボウルに柿、水けを絞ったかぶ、ディル、Aを入れて混ぜ合わせる。

材料(作りやすい分量)

柿…1個　　キャベツ…1/4個　　塩…適量
白ワインビネガー…小さじ1　　粗びき黒こしょう…適量

作り方

1. キャベツはせん切りにし、塩をふって揉み込み、しんなりとさせる。
2. 柿は皮をむいて細切りにする。
3. ボウルに水けを絞った1、2、白ワインビネガーを入れて混ぜ合わせる。粗びき黒こしょうで味を調える。

美月 BODY Q&A

体型を維持するために普段
どんなものを食べて、どんなことを
心がけているのかなど、
ＳＮＳでよくいただく質問に
お答えします！

Q1

美容（美肌）のために意識して
食べているものはありますか？また、
体型を維持するために食事で
気をつけていることはありますか？

**体は、食べ物から
作られていく！** と実感してから、

食べる料理や選ぶ食材も意識して
生活するようになりました。例えば、
不調を感じたときは、食材から
栄養を摂ったりすることもよくあります。
他にも添加物が少ない食べ物や、
調味料を選びます。添加物を
多く摂る生活をしていると、
体がだるく感じたり
お肌にも表れたりする気がするので、
日々の積み重ねが大切！

Q2

トレーニングは何かしていますか？
どんなことをしていますか？

ジムや家での筋トレを
週３以上 しています。

宅トレは、バランスボールやダンベルを使
います。寝る前のストレッチも欠かさずに。

Q3

朝ごはんは何を食べますか？
フルーツ が大好きなので

朝はフルーツを３種類以上食べています。中でも
ゴールドキウイが大好きなので、それと
冷凍ブルーベリー。腸内環境を整えてカリウム
豊富なバナナやプルーン、デーツなど、
旬のフルーツを食べます。

Q4

無性にお菓子やスナックを
食べたくなることはないですか？

あります！

そのときは良しとして自分を甘やかす日に。
でも、毎日のように続けるとやめる時がしんど
くなってストレスになるのでほどほどに。

Q5

食べすぎてしまったときはどうしますか？
ウォーキング をしたり、

いつもより体を動かすことを心がけています。
たくさん食べた翌日はむくむので、サウナもおすすめです。

Q6

普段我慢しているものは
ありますか？

甘いもの。

甘やかす日は気にせず食べます。

Q7

失敗したダイエット法は？
糖質制限

していたことがあるのですが、
そのときは体も頭も働かなくなって
元気が出なかったです……。

基本の食事は

作りおきして
ワンプレートで

お弁当にも
ぴったり

ワンプレートの良さは、なんと言っても見た目の満足感。
一品一品の量が少なくても豪華になり、
ちょこちょこ食べることで実際に満腹感も得られます！
メイン、副菜のバランスを考えて作りおきをしておくことで、
毎日あっという間にランチプレートが完成。
お弁当を作る方にもおすすめです。

ONE PLATE GOHAN!

これで
完璧！！！

にんじんのたらこ炒め
>>> page 62

丸ごとピーマンの
麺つゆ焼き
>>> page 68

れんこんとえびの
はさみ揚げ焼き
>>> page 63

里芋の韓国風焼き
>>> page 63

やりいかと
結びねぎのからしあえ
>>> page 61

長ねぎのマリネ
>>> page 70

かぼちゃの
カシューナッツサラダ
>>> page 68

カリフラワーのクミン炒め
>>> page 71

揚げ蒸しつくね
>>> page 59

みょうがご飯
>>> page 77

columns

菜の花のすりごまあえ
>>> page 71

いりごまの
香ばしさを
アクセントに

見た目がかわいいと
テンションも上がる♪

肉
MEAT

豚肉と香味野菜の梅みそサラダ

"さっぱり"と"やさしい甘み"のバランスが◎

ささみときゅうりの酢の物

冷やして食べるとよりおいしい

材料（2人分）

豚薄切り肉...100g
みょうが...2個
きゅうり...1本
青じそ...4枚

梅干し(種を取る)...1個
白みそ...大さじ1

A｜酒、みりん...各大さじ1

作り方

1. 豚肉は熱湯でさっとゆでてざるにあげ、食べやすい大きさに切る。
2. みょうが、きゅうりはせん切りにする。
3. 青じそは梅干しと合わせてたたき、白みそを加えてよく練り合わせる。
4. 耐熱ボウルにAを入れて電子レンジで10秒ほど加熱し、3を加えてよく練り合わせる。
5. 4に1、2を加えてよく混ぜる。

材料（2人分）

鶏ささみ...2本
きゅうり...1本

A｜酢...大さじ2
　｜みりん...大さじ1
　｜しょうゆ...小さじ1
白いりごま...適量

作り方

1. ささみは熱湯でさっとゆでて火を通し、ほぐして水けを拭き取る。
2. きゅうりはせん切りにする。
3. ボウルに1、2、Aを入れて混ぜ合わせ、白いりごまをふる。

揚げ蒸しつくね

しらたき、ピーマン、もやしの鶏ひき肉炒め

ヘルシーだから罪悪感ゼロ！

しその香りと見た目がアクセントに

SNSで好評だったレシピの一つ

材料（2人分）

鶏ひき肉...160g
玉ねぎ...1/4 個
しょうが...15g
青じそ...6 枚

A | 酒、片栗粉...各小さじ 1
  | しょうゆ、砂糖、
  | ごま油...各小さじ 1/2
  | 塩...1g

ごま油...適量
酒...大さじ 1

作り方

1. 玉ねぎ、しょうがはみじん切りにする。

2. ボウルにひき肉、1、A を入れて
   粘りが出るまでよく練り混ぜる。

3. 2 を 6 等分にして丸め、
   それぞれ青じそ 1 枚で包む。

4. フライパンにごま油を多めに入れて中火で
   熱し、3 を入れて焼く。両面に焼き色がつい
   たら酒を加えてふたをし、焦げないよう注
   意しながら 1 分程度蒸す。

材料（2人分）

鶏胸ひき肉...150g
しらたき...1 袋（300g 程度）
ピーマン...6 個
もやし...100g

A | 酒...1/4 カップ
  | しょうゆ...大さじ 1
  | 豆板醤...小さじ 2

作り方

1. しらたきは必要なら熱湯でさっとゆでて
   あく抜きをし、食べやすい長さに切る。
   ピーマンはへたと種を除き、縦に細切りにする。

2. フライパンにしらたきを入れて中火で炒め、
   水分を飛ばす。

3. 2 の水分が飛んだらひき肉を加えて炒め合わせ、
   肉の色が変わったらピーマン、
   もやしを加えてさらに炒める。

4. 全体がしんなりとしてきたら A を加えて
   全体にからめる。

食べ応え満点で、
ふわっシャキッの食感も楽しい

白身魚と山芋の巾着

材料（4人分）

生だら…300g
山芋…50g
油揚げ…5枚
三つ葉…1束

A | 酒、みりん…各大さじ1
  | 塩…小さじ1/2

B | だし汁…3/4カップ
  | 塩…ひとつまみ

作り方

1. たらは皮とあれば骨を除き、フードプロセッサーに入れて軽く撹拌する。
2. 山芋は皮をむいて適当な大きさに切る。三つ葉は1/2束をみじん切りにし、残りは取っておく。
3. 1に山芋、Aを加え、山芋の食感が残るくらいに撹拌する。みじん切りにした三つ葉を加えてヘラなどで混ぜ合わせる。
4. 油揚げは、ざるなどに入れて熱湯を回しかけて油抜きをする。ペーパータオルで水けを拭き取り、長さを半分に切って袋状に開く。
5. 3を10等分にし、4の油揚げにつめて残りの三つ葉の茎で結ぶ（なければ爪楊枝で留める）。
6. フライパンにBを入れて弱火〜中火で熱し、煮立ってきたら5を並べ入れてふたをし、5分程度煮る。器に盛り、鍋の汁を上からかける。

材料（2〜4人分）

やりいか…3杯（下処理済みのものでも可）
万能ねぎ…6本
酒…大さじ1
A みりん…大さじ1
　　砂糖、からし…各小さじ1

作り方

1. いかは胴と足を引きはがし、内臓、軟骨を外す。
   胴の中は水で洗い、ペーパータオルで水けを
   拭き取る。足は吸盤をしごいて落とし、
   目、くちばしを取り除く。
2. フライパンにたっぷりの水（分量外）を入れて沸騰させ、酒、いか
   を入れる。いかが白くなったら取り出し、2cm幅に切る。
3. 万能ねぎはたっぷりの湯（分量外）でさっとゆでて水けを拭き取り、
   軽くコマ結びをし、さらに両端を結び目にはさむ（写真参照）。
4. ボウルに **A** を混ぜ合わせ、**2**、**3** を加えてあえる。

Point ♥ ねぎの結び方

ねぎを軽く
コマ結びにします

両端を結び目に
はさんだら完成！

やりいかと結びねぎのからしあえ

ねぎは切らずに結ぶことで
食感も風味も楽しめます

ナッツが入ると食感も風味もさらにアップ

にんじんと
ごぼうのナッツあえ

材料（2人分）

にんじん…100g（中1本）
ごぼう…100g（1/2本程度）
アーモンド…10粒
ごま油…適量
A 　白すりごま…大さじ1
　白みそ、みりん、酒…各小さじ1
　薄口しょうゆ…小さじ1 4

作り方

1. ごぼうは包丁の背で皮をこそげ、
   5〜7cm長さの細切りにして
   水にさらす。にんじんは皮をむき、
   5〜7cm長さの細切りにする。
2. アーモンドは包丁で細かく砕く。
3. フライパンにごま油を中火で熱し、
   1を入れてにんじんがしんなりと
   するくらいまで炒める。
4. 3に混ぜ合わせたA、2を加えて
   さっと炒め、全体になじませる。

にんじん・ごぼう

VEGETABLE

材料（2人分）

にんじん…150g（大1本）
たらこ…1腹
酒…大さじ1
ごま油…適量
ナンプラー…小さじ1/2

作り方

1. にんじんは皮をむき、スライサーで薄切りに
   してから5cm長さのせん切りにする。
2. たらこは中央に切り込みを入れ、スプーンなどで
   薄皮からこそげ取る。ボウルに入れて酒を加え、
   たらこをほぐす。
3. フライパンにごま油を中火で熱し、にんじんを
   入れて炒める。しんなりとしてきたら2を加え、
   混ぜ合わせる。
4. 3にナンプラーを加え、さっと炒め合わせる。

お弁当にも
おすすめ

プツプツ食感がたまらない！

にんじんの
たらこ炒め

れんこん
EGETABLE

えびたっぷり♪

えびはプリッとした食感を残すのがコツ

れんこんとえびの
はさみ揚げ焼き

材料（2人分）

むきえび…100g　　　　　　　　米油…適量
れんこん…1/2節

A
酒、しょうゆ…各小さじ1
おろししょうが…小さじ1/2
塩…ひとつまみ
こしょう…少々
片栗粉…小さじ1

作り方

1. れんこんは皮をむき、1〜1.5mm厚さの
   8枚に切って水にさらす。
2. フードプロセッサーにえび、Aを入れて粗めに撹
   拌し、4等分にする。
3. 1の水けを拭き取り、すべての片面に
   片栗粉（分量外）をまぶし、4枚に2をのせて
   残りのれんこんではさむ。全体に片栗粉をまぶす。
4. フライパンに米油を深さ3cmほど入れて中火で熱
   し、3を入れて全体がカリッとするまで
   揚げ焼きにする。

コク深い甘さにピリッとした辛さがアクセント

里芋の韓国風焼き

材料（2人分）

里芋…6個

A
コチュジャン、酒、しょうゆ…各大さじ1
砂糖…小さじ2
白すりごま…小さじ1
おろしにんにく…小さじ1/2
片栗粉…適量
米油…適量
白いりごま、（あれば）糸唐辛子…各適量

作り方

1. 里芋は泥を落とし、包丁で1周切り込
   みを入れる。
2. フライパンに蒸し器をセットし、
   食材にかからない程度の水（分量外）
   を入れる。1をのせ、ふたをして串が
   通るまで5分ほど蒸す。
   （途中沸騰したら弱火にする）
3. ボウルにAを混ぜ合わせる。
4. 2の皮をむいて半分に切り、
   片栗粉を全体にまぶす。
5. フライパンに多めの米油を熱し、
   4を入れて焼く。全体に焼き目が
   ついたら3のタレを加えてからませる。
   白いりごまをふり、
   あれば糸唐辛子をのせる。

里芋
VEGETABLE

さつまいも

VEGETABLE

さつまいもの青のり炒め

おやつにも、おつまみにもうれしい

さつまいもの白あえ

さつまいものやさしい甘みが
うれしいボリューム副菜

材料（2人分）

さつまいも...1本（150g）
米油...大さじ2
ごま油...大さじ1
塩...小さじ1/4
青のり...適量

作り方

1. さつまいもはよく洗い、皮つきのまま
   細切りにする。水にさらして
   水けを拭き取る。

2. フライパンに米油、ごま油を両方入れて
   中火で熱し、1を入れて炒める。色が
   白から黄色っぽくなって火が通ったら
   塩をふり、全体になじませる。

3. 2を保存容器に入れて青のりをたっぷりと
   入れ、ふたをしてシャカシャカとふる。

材料（2人分）

さつまいも...1本（150g）
豆腐...200g
アーモンド...5粒

A ┃ しょうゆ...大さじ1
　 ┃ 砂糖...小さじ2
　 ┃ 白いりごま、塩
　 ┃ ...各少々

作り方

1. さつまいもはよく洗い、皮つきのまま
   乱切りにする。

2. フライパンに蒸し器をセットし、
   食材にかからない程度の水（分量外）を入れる。
   1を並べてふたをし、やわらかくなるまで10分
   ほど蒸す（途中沸騰したら弱火にする）。

3. 豆腐はペーパータオルで包んで水きりをする。

4. アーモンドは包丁で細かく刻む。

5. ボウルにA、3を入れてなめらかになるように
   練り合わせ、2のさつまいも、
   4を加えてさっくりと混ぜる。

じゃがいも

ポテトサラダ

ピクルスの酸味と食感がアクセントに

じゃがいもとパセリの
クリームチーズあえ

せん切りにしたじゃがいもの食感が楽しい

材料（4人分）

じゃがいも...2個	酢...小さじ2
にんじん...1/2本	マヨネーズ...大さじ3
ピクルス...3本	塩、粗びき黒こしょう ...各少々

作り方

1. じゃがいもは皮をむき、適当な大きさに切る。にんじんは、縦に4等分に切る。
2. フライパンに水（分量外）、**1**を入れて熱し、串が通るくらいまで15〜20分ほどゆでる。
3. にんじんは水けを拭き取り、2mm厚さの半月切りにし、ピクルスは2mm幅に切る。
4. ボウルにじゃがいもを入れてフォークなどで潰し、酢を加えて混ぜ合わせる。
5. **4**に**3**、マヨネーズを加えて混ぜ、塩、粗びき黒こしょうで味を調える。

材料（2人分）

じゃがいも...1個		クリームチーズ...大さじ2
パセリの葉...1本分	**A**	酢...大さじ1
		塩...ふたつまみ
粗びき黒こしょう...少々		

作り方

1. じゃがいもは皮をむいてせん切りにし、水に5分ほどさらす。
2. パセリはみじん切りにする。
3. フライパンに水（分量外）を沸騰させ、**1**を入れて30〜40秒ゆでる。氷水にさらして食感をシャキッとさせる。
4. ボウルに**A**を混ぜ合わせ、水けをきった**3**、**2**を加えて混ぜ合わせる。粗びき黒こしょうで味を調える。

なす

ジューシー&
香ばしい

花椒、山椒を効かせてもおいしい

とろとろなすのオイスターソース炒め

材料（2人分）

なす...3本
片栗粉...大さじ1
A ├ 水...大さじ3
  ├ 酒...大さじ2
  ├ オイスターソース...大さじ1
  └ しょうゆ、砂糖...各小さじ1
米油...適量
白いりごま、糸唐辛子...各適量

作り方

1. なすはへたを落として縦に4等分にし、
   片栗粉をまぶす。
   ボウルにAを混ぜ合わせる。

2. フライパンに米油を中火で熱し、
   なすを皮面から入れて炒める。

3. 全体に焼き色がついたらAを加え、
   なすがしんなりとするまで火を通す。
   器に盛り、白いりごまをふり、糸唐辛子をのせる。

材料（作りやすい分量）

なす...4本
太白ごま油（なければごま油）...少々
A
薄口しょうゆ...小さじ1
みりん...小さじ1
だし汁（かつお）...1/2カップ

作り方

1. なすはへたを切り落とし、爪楊枝で
全体に穴を開ける。

2. フライパンにごま油を入れて中火で熱し、**1**を入れて
全体をこんがりと焼き、水にさらす。
粗熱が取れたら皮をはぐ。

3. 保存容器に **A**、**2** を入れて冷蔵庫で数時間冷やす。

揚げなくてもとろ〜り＆ヘルシーに！

焼きなすのだしびたし

とろとろ〜

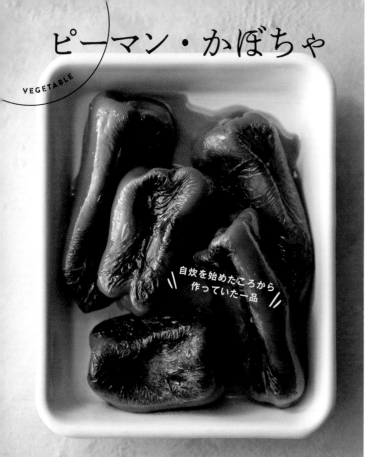

自炊を始めたころから
作っていた一品

丸ごとだから味がしっかりとからみます！

丸ごとピーマンの
麺つゆ焼き

材料(作りやすい分量)

ピーマン...5個
米油...適量
A｜麺つゆ(3倍濃縮タイプ)、
　｜みりん、酒...各大さじ1

作り方

1. ピーマンは破裂しないよう、
   4ヵ所程度に切り込みを入れる。
2. フライパンに米油を多めに熱し、
   1、Aを入れてこんがりと焼く。

マヨネーズのまろやかな味とかぼちゃの甘みは相性抜群！

かぼちゃのカシューナッツサラダ

材料(2人分)

かぼちゃ...1/4個(250g)
カシューナッツ...30g
A｜マヨネーズ...大さじ1
　｜塩...ひとつまみ
　｜粗びき黒こしょう...適量

作り方

1. かぼちゃは種とわたを除いて皮を
   むき、3cm大に切る。
2. フライパンに蒸し器をセットし、食材
   にかからない程度の水（分量外）を
   入れる。かぼちゃを並べてふたをし、
   中火で食感が残る程度に5分ほど蒸
   す（途中沸騰したら弱火にする）。
3. カシューナッツは粗く刻む。
4. ボウルに粗熱を取った2、3、Aを
   入れてフォークなどでつぶしながら
   混ぜ合わせる。

香ばしさと甘みが引き立つよう、

白菜やかぶなどで作るのもおすすめ

白菜とアンチョビの
ガーリック蒸し

材料（2人分）

白菜…300g
アンチョビフィレ…3枚
にんにく…1かけ
オリーブ油…大さじ1
白ワイン…大さじ1
粗びき黒こしょう…少々

作り方

1. 白菜は細切りにする。
   アンチョビ、にんにくはみじん切りにする。
2. フライパンにオリーブ油を中火で熱し、
   にんにくを入れて炒める。香りが立ったら
   アンチョビを加え、焦げないように
   注意してさらに炒める。
3. 白菜を加えて軽く炒めたら白ワインを
   加えてふたをし、2分ほど蒸し焼きにする。
4. 粗びき黒こしょうで味を調える。

白菜・キャベツ

VEGETABLE

香ばしさと甘みが引き立つよう、
だししょうゆでシンプルに

キャベツの蒸し焼き

材料（2人分）

キャベツ…1/4個
米油…適量
水…1/2カップ
日本酒、ごま油…各大さじ1
だししょうゆ…適量

作り方

1. キャベツは縦に半分に切る。
2. フライパンに米油を中火で熱し、
   キャベツを入れて両面をこんがりと焼く。
3. 焼き目がついたら水、日本酒を入れて
   ふたをし、2分ほど蒸し焼きにして
   器に盛り、だししょうゆをかける。
4. フライパンの水けを拭き取って
   ごま油を中火で熱し、
   香りが立ったらキャベツに回しかける。

やみつきになる
おいしさ

アスパラガス・ねぎ

VEGETABLE

アスパラガスの
エスニックサラダ

せん切りにすることで味がからみ、食感も楽しめます

長ねぎのマリネ

筒状に切ることでねぎの食感が残っておいしい

材料（1〜2人分）

グリーンアスパラガス...6本
アーモンド...4粒
A ┃ レモン果汁...大さじ1
　　┃ ナンプラー...小さじ1
　　┃ 砂糖...小さじ1/4
（あれば）糸唐辛子...適量

作り方

1. グリーンアスパラガスは下1/3程度の皮を
ピーラーでむき、細切りにする。アーモン
ドは砕く。
2. フライパンに水（分量外）を入れて沸騰させ、
塩ふたつまみ（分量外）を入れる。
アスパラガスを入れて30秒ゆでる。
冷水にとり、水けをしっかりと絞る。
3. ボウルに**A**、2、アーモンドを入れて
混ぜ合わせ、糸唐辛子をのせる。

材料（1〜2人分）

ねぎ...2本
オリーブ油...適量
おろしにんにく...小さじ1/2
A ┃ 酢...大さじ2〜3
　　┃ 砂糖...小さじ1

作り方

1. ねぎは4〜5cm長さに切る。
2. フライパンにオリーブ油を中火で熱し、
おろしにんにくを入れて炒める。にんに
くの香りが立ったらねぎを加え、
焼き目がつくまで焼く。
3. 2に混ぜ合わせた**A**を加え、
さっとからめながら焼く。
4. 保存容器に入れて味をなじませる。

カリフラワー・菜の花

カリフラワーのクミン炒め

クミンとパプリカパウダーの
香りがやみつきに

菜の花のすりごまあえ

ほうれん草よりも歯ごたえがあり
食べごたえのある一品に

材料（1〜2人分）

カリフラワー…1/2株（200g）
クミンシード…ふたつまみ
米油…適量
（あれば）パプリカパウダー…適量

作り方

1. カリフラワーは1房を4等分に切る。
2. フライパンに米油を中火で熱し、
   クミンシードを入れて炒める。香り
   が立ったら**1**を加えて
   焼き色がつくまで炒める。
3. 器に盛り、パプリカパウダーをふる。

材料（1〜2人分）

菜の花…1束
　　┃白すりごま、酒…各大さじ1
A┃砂糖…小さじ1
　　┃薄口しょうゆ…小さじ1/2

作り方

1. フライパンに水（分量外）を入れて沸騰させ、
   塩小さじ1（分量外）を入れて菜の花を
   さっとゆで、水にさらして粗熱を取る。
2. ボウルに**A**を混ぜ合わせる。
3. **1**の水けをしっかりと絞り、食べやすい大きさ
   に切って**2**に入れてあえる。

春菊
VEGETABLE

P.107のかきのオイル漬けを
使って作ったらとってもおいしい！

かきのだしが出ているオイルも
捨てずに使います！

春菊とかきのチヂミ

材料（作りやすい分量）

春菊...8株
かきのオイル漬け（缶詰）...1缶
かきの缶詰のオイル...適量
米粉...50g
大根おろし...70g（大根約2cm分）
卵...1個
水...1/4カップ

作り方

1. 春菊は4〜5cm長さのざく切りに
   する。かきは縦半分に切る（オイル
   は捨てずに取っておく）。
2. ボウルに米粉、大根おろし
   （おろし汁もそのまま入れる）、
   水、卵を入れてよく混ぜ合わせる。
3. 2に、春菊、かきのオイル小さじ1を
   入れて箸でざっくりと混ぜる。
4. フライパンにかきのオイル適量を入
   れて中火で熱し、3を流し入れる。そ
   の上にかきを並べ、2〜3分中火で焼
   いたら裏返し、ふたをして
   2〜3分、中に火が通るまで焼く。

果物

黒こしょうで
大人の味に

甘みと酸味のバランスが絶妙！

フルーツサラダ

材料（作りやすい分量）

パイナップル…100g
シャインマスカット…7粒
A 白バルサミコ酢…小さじ2
オリーブ油…適量
粗びき黒こしょう…少々

作り方

1. フルーツは食べやすい大きさに切る。
2. ボウルに **A** を混ぜ合わせ、1 を加えてあえる。

ワンプレートに欠かせない主食は
土鍋ご飯がおすすめ

初めて買った調理道具が土鍋で、普段からお米も土鍋で炊いています。多めに炊いて小分けにして冷凍も◎。煮物などもこの土鍋でおいしく作れますよ。

ふっくらおいしい

使っている
土鍋はコレ！
2合炊き

伊賀焼窯元　長谷園（ながたにえん）

かまどさん

おすすめ
ポイント

「かまどさん」は火加減不要なので、初めてでも簡単においしいご飯が炊けます。内ぶたがついているので噴きこぼれの心配もなく、圧力機能の効果でご飯がとにかくふっくら！そのまま食卓に並べておひつがわりに使うのもおすすめです。

白米の炊き方

材料（1合分）

米…1合

水…220ml

昆布（10×10cm）…1枚

作り方

1. 米は研いで水けをしっかりときる。
   昆布は湿らせたペーパータオルで軽く拭く。

2. 土鍋に1、水を入れて20分浸水させる。

3. 土鍋にふたをして火にかけ、中火で10〜12分加熱する。

4. 火を止めて、そのまま20分蒸らす。

20
minutes

Point ♥

上ぶたの穴から蒸気が
勢いよく噴き出してから
1〜2分後が
火を止めるタイミングの目安！

昆布を入れると
風味が移って
おいしくなる

さば缶の汁を使えばだしいらず！
さば缶と梅の炊き込みご飯

炊き込み
ご飯

材料（1〜2人分）

米...1合
水...160㎖
さばの水煮缶...1缶
梅干し...1個
しょうが...適量

A｜薄口しょうゆ...大さじ1
　｜酒...小さじ1
　｜塩...少々

作り方

1. 米は研いで水けをしっかりときり、
   土鍋に水とともに入れて20分浸水させる。
2. さばはほぐす（缶汁も捨てずに取っておく）。
   梅干しは種を取ってたたく。
   しょうがはせん切りにする。
3. 1に2、Aを入れて中火で熱し、10〜12分炊く。
4. 火を止めて、そのまま20分蒸らす。

材料（1〜2人分）

米...1合
水...220㎖
明太子...50g（大1/2腹）
バター...10g
粗びき黒こしょう...適量

作り方

1. 米は研いで水けをしっかりと
   きり、土鍋に水とともに入れて
   20分浸水させる。
2. 明太子は切り込みを入れ、
   薄皮からスプーンでこそげ取る。
3. 1に2を入れて中火で熱し、
   10〜12分炊く。
4. 火を止めて、そのまま20分蒸らす。
5. バターを入れて粗びき黒こしょう
   をふる。

炊きたてのご飯にバターの香りが楽しい
明太子バターご飯

にんにくが香り洋食にもよく合う
オリーブご飯

材料（1〜2人分）

米...1合
水...180㎖
オリーブ...5個

A｜おろしにんにく...小さじ1/4
　｜塩...少々
　｜オリーブ油...小さじ1
　｜ローリエ...1枚

作り方

1. 米は研いで水けをしっかりときり、
   土鍋に水とともに入れて20分浸水させる。
2. オリーブは2㎜幅に切る。
3. 1に2、Aを入れて中火で熱し、10〜12分炊く。
4. 火を止めて、そのまま20分蒸らす。

材料（1〜2人分）

米…1合
水…220㎖
生ざけ…1切れ

作り方

1. 米は研いで水けを
   しっかりときり、鍋に水と
   ともに入れて20分浸水させる。
2. さけはペーパータオルで
   水けを拭き取る。
3. 1に2を入れて中火で熱し、
   10〜12分炊く。
4. 火を止めて、そのまま20分蒸らす。
   好みで塩をふっても。

万能ねぎや三つ葉を散らしてもおいしい
さけご飯

混ぜご飯

みょうがの風味がさわやか
みょうがご飯

材料（茶碗2杯分）

ご飯…1合
みょうが…3個
青じそ、白いりごま…各好みの量

作り方

1. みょうが、青じそはせん切りにする。
2. すべての材料を混ぜ合わせる。

クセになるおいしさ
いぶりがっこのチーズご飯

材料（茶碗2杯分）

ご飯…1合
いぶりがっこ…60g
クリームチーズ…60g

作り方

1. いぶりがっことチーズは細かく切る。
2. すべての材料を
   混ぜ合わせる。

彩りも食感も楽しい
赤かぶと青じその混ぜご飯

材料（茶碗2杯分）

ご飯…1合　　　青じそ…6枚
赤かぶ…70g　　白いりごま…15g
塩…少々

作り方

1. 赤かぶは粗みじん切りにし、塩を
   ふってしばらくおいて水けを絞る。
2. 青じそはせん切りにする。
3. すべての材料を混ぜ合わせる。

お酒を合わせ
たくなる

作っておくと便利！　アレンジいろいろ！

簡単 & おいしい自家製レシピ

おいしくて安全で、食材の日持ちにもつながる自家製レシピ。作ってみると意外と簡単なので、作りおきして毎日の食卓やおもてなしに、ぜひ活用してみてください。

GENOVESE

RECIPE
1

常備しておけば、いろんな料理に使える万能ソース！
自家製ジェノベーゼ

Point ♥
ミキサーに
入れて！

材料（作りやすい分量）

バジル…35g	にんにく…1かけ
オリーブ油…100㎖	塩…小さじ1/4
松の実…20g	粉チーズ…10g

作り方

1. すべての材料をミキサーに入れてなめらかになるまで攪拌する。

作っておくと
いろいろ使える

ジェノベーゼを使ったアレンジレシピ

脂ののったいわしを
ジェノベーゼでさっぱり

卵は火を通しすぎず、半熟で仕上げるのがコツ
卵のジェノベーゼのせ

材料（2人分）
ジェノベーゼ…適量
卵…4個
アーモンドミルク（なければ牛乳）…大さじ3
塩…ひとつまみ
バター…10g
チーズ（ハードタイプ）…適量

作り方
1. ボウルに卵を割りほぐし、
   アーモンドミルク、塩を入れて
   よく混ぜる。
2. フライパンにバターを中火で熱し、
   1 を流し入れる。周りが固まり
   だしたらゴムベラなどで
   ふんわりとかき混ぜる。
3. 器に盛り、ジェノベーゼをかけて
   チーズをすりおろす。

一口サイズでパクッと食べられる
いわしのジェノベーゼ焼き

材料（2人分）
ジェノベーゼ…適量
いわし（開いたもの）…4尾
オリーブ油…適量

作り方
1. いわしは尾を切り落とし、
   縦半分に切る。身側に塩適量（分量外）
   をふってなじませてから、
   ペーパータオルで水けを拭き取る。
2. 1 にジェノベーゼを塗り、端から
   くるくると巻いて爪楊枝で留める。
3. フライパンにオリーブ油を中火で熱し、
   2 を入れて全体を焼く。

にんにくの香りで
食欲アップ

そのままでも、パスタにしてもおいしい

たことトマトの
ジェノベーゼ炒め

材料（2人分）

ジェノベーゼ...大さじ1
ゆでだこ...100g
ミニトマト...6個
にんにく...1かけ
オリーブ油...適量

作り方

1. にんにくは薄切りにする。
2. トマトはへたを取る。たこはぶつ切りにする。
3. フライパンにオリーブ油を中火で熱し、1を入れて炒める。香りが立ったらたこを入れ、軽く炒めたらトマトを加える。トマトがやわらかくなったらジェノベーゼを加えてさらに炒め合わせる。

たことじゃがいもは同じ大きさに切るのがポイント

たことじゃがいもの
ジェノベーゼ炒め

材料（2人分）

ジェノベーゼ...大さじ2
ゆでだこ...100g
じゃがいも...1個
オリーブ油...適量

作り方

1. じゃがいもは皮をむいて一口大に切る。フライパンに蒸し器をセットし、食材にかからない程度の水（分量外）を入れる。じゃがいもをのせ、ふたをして5分ほど蒸す。串が通ったら一度取り出す。
2. たこはぶつ切りにする。
3. フライパンにオリーブ油を中火で熱し、1を入れて軽く炒める。たこ、ジェノベーゼを加えてさらに炒め合わせる。

TUNA

パン、クラッカー、パスタ、サラダなんでも合う！

自家製 ツナ

材料（作りやすい分量）

かつお（刺身用・さく）...200g
塩...小さじ1
オリーブ油...かつおが半分浸る程度

A ホール黒こしょう...ひとつまみ
ローズマリー...適量
にんにくの薄切り...2かけ分

作り方

1. かつおは塩をすり込み、あれば網をセットしたバットにのせて冷蔵庫に1時間ほど置く。
2. 1の水けをペーパータオルで拭き取り、熱湯をかけてくさみを抜く。再び水けを拭く。
3. 深めのフライパンにオリーブ油を中火で熱し、2を入れて焼き色をつける。**A**を加えて弱火にし、時々裏返しながら25分加熱する。
4. ふたをして火を止めてそのまま置き、粗熱が取れたら完成。

漬けた油は、ドレッシングや炒め物に使える万能油に！

手間がかかる分、
手作りした
レバーペーストは
よりおいしい！

バゲットに、レバーペースト、クリームチーズ、
はちみつをのせて食べてもおいしい

自家製レバーペースト

材料（作りやすい分量）

鶏レバー（新鮮なもの）...300g
牛乳...適量
玉ねぎ...1/2個
にんにく...1かけ
オリーブ油...大さじ2

ローリエ...1枚
白ワイン（なければ赤でも）...60ml
塩...小さじ1
粗びき黒こしょう...適量
バター（食塩不使用）...15g

作り方

1. レバーは一口大に切って血のかたまりを除き、牛乳を入れたボウルに入れて2〜3
   回洗う。再びボウルにレバー、牛乳を入れて一晩漬け込む。
2. 玉ねぎはせん切り、にんにくはみじん切りにする。
3. フライパンにオリーブ油を中火で熱し、にんにくを入れて炒める。
   香りが立ったら玉ねぎを加え、しんなりとするまで炒める。
4. 3に汁けをきった1を加えて炒める。レバーにある程度火が通ったら白ワイン、ロー
   リエを加え、水分が半分になるくらいまで弱火で炒め、塩、粗びき黒こしょうをふる。
5. 火を止めてバターを加え、余熱で溶かす。粗熱が取れたらローリエを除いてフードプ
   ロセッサーに入れ、攪拌する。よりなめらかにしたい場合は、攪拌後に裏ごしをする。
6. 器に盛り、バゲットを添える。

TARTAR SAUCE

RECIPE

4

いぶりがっこの風味と白みそのコクが新しい

自家製 いぶりがっこタルタル

材料（作りやすい分量）

いぶりがっこ...60g　　マヨネーズ...大さじ3
ゆで卵...2個　　　　　白みそ...小さじ1
玉ねぎ...1/4個　　　　粗びき黒こしょう...少々
塩...少々

作り方

1. 玉ねぎは粗めのみじん切りにし、塩をふって揉み込み、
   5分置いて水けを絞る。
2. いぶりがっこ、ゆで卵は玉ねぎと同じくらいの大きさに切る。
3. ボウルに **1**、**2**、マヨネーズ、白みそを入れてよく混ぜ、
   粗びき黒こしょうで味を調える。

クセになる
おいしさ

おもてなしの
料理作りも
楽しみのひとつ♪

揚げ物もお酒も大解禁！

美月会で大人気の おもてなしご飯

週末はモデル仲間、友人を招いて手料理をふるまうことも
多々あり、毎回テーマを決めてレシピを考えています。
外食気分を味わってもらうためのお品書き作りも楽しい時間。
今回は、モデル発酵食会、お肉会、ワイン会、日本酒会と
テーマに合った料理をたっぷり紹介します。

お品書き　　8品

WELCOME

ヤムウンセン

えびのはんぺん蒸し

春菊の蒸しギョーザ

干し柿とくるみの
クリームチーズサンド

ほたての甘酒
レモンソース

アボカドと
ブロッコリーの塩辛炒め

きのこの和風マリネ

かきの酒粕グラタン

おいしく食べてきれいになる
美容にうれしい
メニューが盛りだくさん！

モデル発酵食会

作るのはもちろん、食べてもらうのも大好き

モデル発酵食会の様子をお届け！

せーので
おちょこ決め！

cheers

来てくれてありがと
カンパ～イ♡

美月のご飯は
ほんと大好き

みんなで
食べるのって
幸せ～

えびのはんぺん蒸し！

おいしい〜
えびが
ぷりっぷり！

Happy!

Happy!

塩麹や酒粕、甘酒など
発酵調味料
たっぷりメニューだよ！

かきグラタン
トロトロ〜

このグラタン
人生で
一番おいしい

smile
smile ☺

程よい甘酸っぱさと
クセになる風味は女子に大人気

ヤムウンセン

彩りがいい
ヤムウンセンは
おもてなしに
ぴったり

はんぺんをしっかりねり混ぜるとまとまりやすい

えびのはんぺん蒸し

材料（2人分）

むきえび...10尾
はんぺん...大判1枚（125g）

A 片栗粉...小さじ2
酒、塩麴、しょうゆ、みりん...各小さじ1

作り方

1. えびは背わたがあれば取り、包丁でたたく。
2. ボウルにはんぺん、**1**、**A**を入れ、はんぺんを手で潰しながら粘り気が出るまでよく混ぜ、4〜5cmほどの大きさに丸める。
3. フライパンに蒸し器をセットし、食材にかからない程度の水（分量外）を入れ、**2**を並べてふたをし、5〜10分蒸す（途中沸騰したら弱火にする）。

材料（2人分）

むきえび...10尾
豚ひき肉...50g
春雨...15g
赤パプリカ...1/3個
ミニトマト...6個
パクチー...3株
生きくらげ...好みの量

A
┃ ナンプラー...大さじ1と1/2
┃ 砂糖...小さじ2
┃ ライム果汁...1/4個分
┃ 赤唐辛子(小口切り)...好みの量

ピーナッツ...好みの量

作り方

1. パプリカはへたと種を除き、縦に細切りにする。ミニトマトはへたを取って縦半分に切る。パクチーは3〜4cm長さに切る。
2. ボウルにAを混ぜ合わせておく。
3. ピーナッツは袋に入れて砕く。
4. フライパンに水（分量外）を沸騰させ、春雨、きくらげ、えび、ひき肉を順にゆでる。春雨は袋の表示時間通りにゆで、冷水にとって水けをきる。きくらげはさっとゆでて水けをきり、細切りにする。えびは背わたがあれば取り、ピンク色になるまでゆでてざるにあげる。ひき肉は火が通るまでさっとゆでる（ざるに入れた状態でゆでると簡単）。
5. 2に1、3、4を入れてよく混ぜ合わせる。

材料（2人分）

豚ひき肉...100g
ギョーザの皮(大判)...10枚
春菊...3株
玉ねぎ...1/4個

A
┃ 酒...大さじ1
┃ しょうゆ、おろししょうが、
┃ おろしにんにく、塩麹...各小さじ1
┃ 砂糖...小さじ1/2
┃ 粗びき黒こしょう...少々

皮から透ける春菊が鮮やかで
パーティー向き！

春菊の蒸しギョーザ

春菊を使うことで
香り豊かな
蒸しギョーザに
なります

作り方

1. 玉ねぎ、春菊はみじん切りにする。
2. ボウルにひき肉、1、Aを入れて粘りが出るまでよく混ぜ合わせる。
3. ギョーザの皮のふちに水溶き片栗粉（分量外）をつけ、2を適量のせて包む。
4. フライパンに蒸し器をセットし、食材にかからない程度の水（分量外）を入れ、3を並べて10分ほど蒸す（途中沸騰したら弱火にする）。

干し柿の食感と濃厚な旨みが、
チーズの塩味とよく合います

干し柿とくるみの
クリームチーズサンド

材料（作りやすい分量）

干し柿...6個
クリームチーズ...好みの量
くるみ...6〜10粒

作り方

1. 干し柿はへたを除き、
   縦半分に切る。切り口を上に
   して縦に切り込みを入れる。
2. 1の切り込みに、クリームチーズ
   を適量はさみ、砕いたくるみを
   散らす。

甘酒でやさしいコクと甘みをプラス

ほたての
甘酒レモンソース

材料（4人分）

ほたて貝柱（生食用）...100g
甘酒...大さじ1と1/2
紫玉ねぎ...60g（約1/4個）
ディル...適量
レモン果汁...小さじ1
ピンクペッパー...少々

ハーブや
ペッパーの風味も
楽しい一皿

作り方

1. ほたてはボウルに入れ、
   甘酒を加えてしばらく漬け込む。
2. 玉ねぎは薄切りにしてさっと
   水にさらし、水けをきる。
   ディルはちぎる。
3. 器に汁けをきった1を並べ、2を
   のせる。レモン果汁を回しかけ、
   ピンクペッパーを散らす。

パンチのある味つけと
クリーミーな食感が絶妙

アボカドと
ブロッコリーの塩辛炒め

材料（2人分）

アボカド…1/2個	にんにく…1かけ
ブロッコリー…80g	米油…適量
塩辛…30g	酒…大さじ1

作り方

1. アボカドは皮をむいて種を取り、一口大に切る。ブロッコリーは小房に分ける。にんにくは薄切りにする。
2. フライパンに米油を中火で熱し、にんにくを入れて炒める。香りが立ったらブロッコリーを加えて炒め、酒を回し入れてふたをし、2分ほど蒸し焼きにする。
3. ふたを取り、アボカドを加えてさっと炒め合わせ、火を止める。塩辛を加えて全体を混ぜ合わせる。

材料（2人分）

しめじ…1/2〜1パック
ゆずの皮…適量

A 酢…大さじ2
薄口しょうゆ、みりん…各大さじ1
ゆず果汁…小さじ2

作り方

1. しめじは石づきを除いてほぐし、さっとゆでてざるにあげる。
2. ゆずの皮はせん切りにする。
3. ボウルに **A**、**2** を混ぜ合わせ、粗熱が取れた **1** を加えて味をなじませる。

材料（2人分）

かき…250g	酒粕…50g
絹ごし豆腐	白みそ…40g
…大1丁（400g）	豆乳…150ml
片栗粉…大さじ1	米油…適量
ピザ用チーズ…好みの量	

作り方

1. 豆腐はペーパータオルで包み、水けをきる。
2. ボウルにかきを入れて片栗粉をまぶし、軽く混ぜる。浸る程度の水（分量外）を加えて優しく洗う。水を2〜3回かえて洗い、ペーパータオルで押さえてしっかりと水けを拭き取る。
3. ボウルに酒粕、白みそ、豆乳100mlを入れ、電子レンジで30秒ほど温めて酒粕がやわらかくなるまで練る。
4. フライパンに米油を弱火で熱し、**1**、**3** を入れる。豆腐を崩すようにヘラなどで混ぜ、残りの豆乳、**2** を加えて1分ほど練り混ぜる。
5. 耐熱容器に **4** を流し入れ、ピザ用チーズをのせて250℃のオーブンで10分ほど、焼き目がつくまで焼く。

さっぱりゆず味は
箸休めに大好評

きのこの
和風マリネ

バター、小麦粉不使用の
ヘルシーグラタン

かきの
酒粕グラタン

お品書き　7品

Welcome

タンドリーチキン
チューリップの ゆずこしょう唐揚げ
シューマイ
ピーマンのスパイス肉詰め
せせりのゆずこしょう炒め
ピクルス
粉山椒みそ漬けスペアリブ

ボリューム満点な
肉おかずはおもてなしで大好評
味と調理で変化を
つければ飽きのこない食卓に！

お肉会

材料（作りやすい分量）

鶏手羽元…6本

A
ヨーグルト…大さじ3
トマトケチャップ…大さじ1
おろししょうが、おろしにんにく…各1かけ分
塩…小さじ1/4
パプリカパウダー、コリアンダーパウダー、
クミンパウダー、チリパウダー、ガラムマサラ、
ターメリック…各小さじ1
米油…小さじ2

米油…少々

しっかりと漬け込むことが大切
タンドリーチキン

漬け込むことで
お肉も
やわらかい！

作り方

1. ポリ袋に **A** を入れ、
   鶏肉を入れてよく揉み込む。
   冷蔵庫に入れて半日ほど漬け込む。
2. フライパンに米油を中火で熱し、
   1を入れて焼き色がつくまで
   3分ほど焼く。裏返してふたをし、
   弱火にして8分ほど焼く。

材料（4人分）

鶏手羽元（チューリップ）...10本

A ┌ 酒...大さじ1
　│ ゆずこしょう...小さじ1
　│ 塩...小さじ1/2
　│ おろししょうが、おろしにんにく
　└ 　...各5g

片栗粉...適量

米油...適量

レモン、ゆずこしょう...各適量

表紙になった唐揚げの登場！
ゆずこしょうが効いて
大人な唐揚げです

見た目がかわいく、
お肉もよりボリューミーに！

チューリップの
ゆずこしょう唐揚げ

作り方

1. ポリ袋にAを混ぜ合わせて鶏肉を
　加えて揉み込み、冷蔵庫に入れて
　一晩漬け込む。

2. 揚げる前に冷蔵庫から出して
　室温に戻しておく。

3. バットに片栗粉を用意し、
　鶏肉の汁けをかるくきって入れ
　全体にまぶす。

4. フライパンに米油を入れて中温（170
　～180℃）に熱し、**3**の両面を
　3分ずつ揚げる。

5. 器に盛り、くし形切りにしたレモン、
　ゆずこしょうを添える。

撮影で大好評だった
シューマイ！
食べると肉汁が
あふれます

しっとりとやわらか！
口の中で肉汁が広がる

シューマイ

材料（4人分）

豚ひき肉...250g
シューマイの皮...1袋（20 ～ 24枚）
玉ねぎ...1/2個
片栗粉...大さじ2

A
おろししょうが...5g
砂糖、ごま油...各大さじ1
しょうゆ、紹興酒（なければ酒）...各小さじ2
塩...小さじ1/4
こしょう...少々

しょうゆ、からし...各適量

作り方

1. 玉ねぎはみじん切りにしてボウルに入れ、片栗粉をまぶす。

2. 1にひき肉、Aを入れて粘りが出るまでよくこねる。

3. 親指と人差し指で丸を作り、シューマイの皮を1枚のせる。皮に2のタネをぎゅっと押し込み、ヒダを寄せて成形する。

4. フライパンに蒸し器をセットし、食材にかからない程度の水（分量外）を入れ、丸く切ったクッキングシートを敷く。

5. 3を並べて10分ほど蒸す（途中沸騰したら弱火にする）。器に盛り、しょうゆ、からしを添える。

材料（4人分）

ピーマン...10 個
合いびき肉...300g
玉ねぎ...1/2 個
おろしにんにく...5g
塩...ふたつまみ
粗びき黒こしょう
...少々

A
カルダモンパウダー、
クミンパウダー、
コリアンダーパウダー、
チリパウダー、
ガラムマサラ
...各小さじ 1
片栗粉...大さじ 1〜2

B
白みそ、ヨーグルト（プレーン）...各大さじ 1
おろしにんにく...5g
はちみつ...小さじ 1
クミンパウダー...小さじ 1/2

米油...適量
水...1/4 カップ
（あれば）パプリカパウダー...適量

作り方

1. ピーマンは斜め半分に切ってへたと種を取る。
   玉ねぎはみじん切りにする。
2. A、B はそれぞれ別に混ぜ合わせておく。
3. ボウルにひき肉、玉ねぎ、おろしにんにく、塩、
   粗びき黒こしょう、A を入れて、粘りが出るまでよく混ぜる。
4. ポリ袋にピーマン、片栗粉を入れて全体にまぶし、
   取り出して 3 のタネを詰める。
5. フライパンに米油を中火で熱し、4 の切り口を
   下にして焼く。上下を返しながら全体に焼き目が
   ついたら水を入れてふたをし、弱火にして 2〜3 分蒸し
   焼きにする。ふたを外して B を回しかけ、全体にからめる。
6. 器に盛り、パプリカパウダーをふる。

筒状にカットすることで
ボリュームのある肉詰めに

ピーマンの
スパイス肉詰め

材料（2人分）

鶏のせせり...150g
粗びき黒こしょう...少々
A　酒...大さじ2
　　みりん...小さじ1
　　ゆずこしょう...小さじ1/2
米油...適量

作り方

1. せせりは粗びき黒こしょうを全体的にふる。
2. ボウルに A を混ぜ合わせる。
3. フライパンに米油を中火で熱し、1 を入れて両面を焼く。
4. 全体に火が通ったら 2 を回し入れ、水分がなくなるまで炒める。

弾力も旨みも抜群！
スーパーで見かけたらぜひ作ってみて

せせりのゆずこしょう炒め

ボリュームのある食卓に
欠かせない
さっぱりした一品

ピクルス

材料（作りやすい分量）

きゅうり、パプリカ、ミニトマト、ヤングコーン、
かぼちゃなど好みの野菜...各適量

A		A	
米酢...180～200ml		ハーブ、赤唐辛子...各適量	
水...180ml		ホール黒こしょう...ふたつまみ	
砂糖...大さじ4～5		ローリエ...1枚	
塩...小さじ2			

作り方

1. フライパンに A を入れて熱し、沸騰するギリギリ手前で火を止める。
2. かぼちゃは5mm厚さに切る。ヤングコーンは容器の高さに合わせて切る。どちらも2分ほど下ゆでする。
3. きゅうり、パプリカは容器の高さに合わせて棒状に切る。ミニトマトはへたを取る。
4. 野菜をすべて容器に入れ、粗熱が取れた 1 を注いで漬ける。

材料（4人分）

スペアリブ…350g

A
- みそ（あれば赤みそ）…大さじ1と1/2
- 酒、砂糖…各大さじ1
- 粉山椒…小さじ1

ボリュームの
ある見た目に
大歓声♪

低温でじっくりと火を通すから
しっとりやわらか

粉山椒みそ漬け
スペアリブ

作り方

1. スペアリブは、フォークで全体を刺す。

2. ポリ袋（耐熱のもの）にAを混ぜ合わせ、1を入れて揉み込み、冷蔵庫で半日〜一晩漬け込む。

3. 調理前に2を室温にもどし、1度取り出してフライパンで両面をこんがりと焼く。

4. 深めのフライパンにたっぷりの水（分量外）を入れて加熱し、沸騰したら火を止める。3をポリ袋に戻して入れ、ふたをして1時間ほど置いて火を通す。

お品書き　8品

Welcome

牛すじトマト煮込み

いわしとくるみの春巻き

玉ねぎとアンチョビの
トルティージャ

かきのオイル漬け

まいたけのカリカリチーズ焼き

なす、トマト、モッツァレラチーズの
はさみ焼き

まぐろのレアカツ

ごぼうとチーズのガレット

塩けのあるチーズやオイル漬け
野菜たっぷりの料理も並べて

ワイン会

材料（4人分）

牛すじ…500g
カットトマト缶…1缶
ねぎ（青い部分）…1本分
セロリ（葉の部分）…1本分
にんにく…1かけ
じゃがいも…2個

玉ねぎ…1個
にんじん…1本
オリーブ油…適量

A｜ 水…500ml
　｜ ウスターソース、白みそ…各大さじ2
　｜ オイスターソース…大さじ1
　｜ しょうゆ…小さじ1
（あれば）パセリ…適量

食材をゴロゴロと大きめにカット！

牛すじトマト煮込み

作り方

1. 深めのフライパンに牛すじ、ねぎ、セロリ、かぶるくらいの水（分量外）を入れて加熱し、沸騰後時々アクを取りながら10分ほどゆでる。牛すじをざるに上げて流水で洗い、食べやすい大きさに切る。
2. にんにくはみじん切り、じゃがいも、にんじんは皮をむいて乱切り、玉ねぎはくし形切りにする。
3. フライパンにオリーブ油を中火で熱し、にんにくを入れて炒める。香りが立ったら玉ねぎを入れて炒める。半透明になったら牛すじ、A、カットトマトを加えて弱火にし、30分ほど煮込む。
4. じゃがいも、にんじんを加えてふたをし、30分ほど食材がやわらかくなるまで煮込む。器に盛り、パセリを散らす。

いわしとくるみの春巻き

チーズとしその風味とくるみの食感が楽しい

材料（10本分）

いわし（開いたもの）…5尾
春巻きの皮…5枚
くるみ…15g
青じそ…10枚
塩…少々

A | おろしにんにく…5g
バルサミコ酢…小さじ1
パルメザンチーズ…5g

水溶き小麦粉（のり用）…適量
米油…適量

作り方

1. いわしは尾を切り落とし、縦半分に切る。
   身に塩をふってなじませてから、ペーパータオルで
   水けを拭き取る。春巻きの皮は半分に切る。
2. くるみは包丁で刻み、飾り用に少し残してボウルに入れ、
   Aを加えて混ぜ合わせる。
3. 春巻きの皮に青じそ、いわし、**2**を順にのせる。
   皮のふちに水溶き小麦粉を塗りながら巻く。
4. フライパンに米油を2〜3cm深さまで入れ、
   中温（170〜180℃）に熱して**3**を入れる。
   全体にこんがりとした色がつくまで3分ほど揚げる。
5. 器に盛り、飾り用のくるみを散らす。

Point ♥
**春巻きの皮を
半分にすることで
中身と皮の
バランスが
合います**

**くるみをしその葉で
包んでから
巻くと皮が破れにくい！**

食べやすいサイズに
カットして食べて

バターのコクとアンチョビの
塩味がお酒によく合う

玉ねぎとアンチョビの
トルティージャ

材料（4人分）

卵...4個
玉ねぎ...1/2個
アンチョビフィレ...4枚
にんにく...1かけ

塩...小さじ1/4
粗びき黒こしょう...少々
バター...10g
オリーブ油...適量

作り方

1. 玉ねぎは薄切りにし、にんにく、アンチョビはみじん切りにする。
2. ボウルに卵を割り入れ、塩、粗びき黒こしょうを加えて混ぜ合わせる。
3. フライパンにバターを中火で熱し、にんにくを入れて炒める。
   香りが立ったら玉ねぎを加えて炒め、透き通ってきたらアンチョビを加えてさらに炒める。
4. **3** を **2** のボウルに加え、混ぜ合わせる。
5. フライパンにオリーブ油を弱火〜弱中火で熱し、**4** を流し入れる。
   ふたをしてじっくりと火を通す。
6. 表面が固まってきたらひっくり返し、もう一度ふたをして 1 〜 2 分火を通す。

かきの オイル漬け

材料（2人分）

かき…300g
にんにく…1かけ
赤唐辛子…1本
片栗粉…大さじ1
オリーブ油…大さじ1
白ワイン…大さじ2
オイスターソース…大さじ1
ローリエ…1枚
ホール黒こしょう…3つまみ
オリーブ油（漬ける用）…70ml

作り方

1. にんにくは薄切り、赤唐辛子は種を取って小口切りにする。
2. ボウルにかきを入れて片栗粉をまぶし、軽く混ぜる。浸る程度の水（分量外）を加えて優しく洗う。水を2〜3回かえて洗い、ペーパータオルで押さえてしっかりと水けを拭き取る。
3. フライパンにオリーブ油を中火で熱し、1を入れて炒める。香りが立ったらかきを加えて両面をしっかりと焼く。火が通ったら白ワインを加え、アルコールが飛んだら一度かきを取り出す。
4. 3のフライパンにオイスターソースを加え、少し煮つまったらかきを戻し、全体にからませる。
5. 保存容器に4、オリーブ油、ローリエ、ホール黒こしょうを入れて粗熱が取れたら冷蔵庫に入れる。

まいたけの
カリカリチーズ焼き

材料（2人分）

まいたけ…1パック
片栗粉…大さじ1
ピザ用チーズ…40g
オリーブ油…適量

作り方

1. まいたけは、ほぐしてボウルに入れ、片栗粉をまぶす。
2. 1にチーズを加え、さらに混ぜ合わせる。
3. フライパンにオリーブ油を中火で熱し、2を入れる。ふたをしてカリッとなるまでよく焼く。

材料（2人分）

なす...2本
トマト...2個
モッツァレラチーズ...1個
（なければ溶ける
スライスチーズ...2〜3枚）

オリーブ油...適量
白ワイン...小さじ1
パセリ...適量

作り方

1. なすはへたを落とし、縦に1cm幅に切る。
   トマトはへたを落とし、縦半分に切ってから横にし、
   1cm幅に切る。チーズも同様の厚さに切る。
2. なす、トマト、チーズ、なすの順に重ねる。
   残りも同様に作る。
3. フライパンにオリーブ油を中火で熱し、
   2を並べ入れて両面を焼く。焼き色がついたら白ワイン
   を入れてふたをし、蒸し焼きにする。
4. 器に盛り、オリーブ油を回しかけ、刻んだパセリを散らす。
   好みで粗びき黒こしょうをふってもおいしい。

Point ♥
トマトとチーズは、
なすの長さに
合わせて並べて

おばあちゃんが作った野菜で
母がよく作ってくれた大好きなおかず

なす、トマト、モッツァレラチーズのはさみ焼き

まぐろのレアカツ

材料（2人分）
まぐろ（刺身用）…1さく
卵…1個
塩、粗びき黒こしょう…各少々
米粉…大さじ6
水…大さじ3
パン粉、米油、バジル…各適量

作り方

1. まぐろはペーパータオルで水けを拭き
   取り、塩、粗びき黒こしょうを全体に
   まぶす。
2. ボウルに卵を入れて溶きほぐし、
   米粉、水を加えてよく混ぜ合わせる。
3. **2**に**1**をくぐらせ、パン粉をまぶして
   衣をつける。
4. フライパンに米油を2〜3cm深さに
   注ぎ、中温（170〜180℃）に熱して
   3を揚げ焼きにする。全体に焼き色が
   ついたら器に盛り、バジルを添える。

レモンや塩をかけて
食べるのもおすすめ

ごぼうとチーズの ガレット

材料（2人分）
ごぼう…1本
A 米粉…大さじ1
　 ピザ用チーズ…適量
　 塩…小さじ1/4
　 粗びき黒こしょう…少々
オリーブ油…適量

作り方

1. ごぼうはよく洗い、皮をこそげ取る。
   3〜4cm長さのせん切りにして水に
   さらし、取り出して水けをよく拭き取る。
2. ボウルに**A**、**1**を入れて混ぜ合わせる。
3. フライパンにオリーブ油を中火で熱し、
   2を薄く広げながら入れ、
   ヘラなどで丸く整える。1分ほど焼き、
   焼き色がついたらひっくり返し、
   裏側も1分ほど焼く。

食物繊維たっぷり！
せん切りにすると
食感が楽しめます

Welcome

お品書き 9品

いわしの梅みそ焼き
さばの山椒焼き
れんこんのすり身揚げ
さつま揚げ
いかげそのしょうゆ炒め
長芋のふわふわ焼き
わかめとエリンギの
しょうがあえ
納豆の磯辺焼き
しらすとわけぎのぬた

発酵系の調味料は日本酒との相性抜群!
ボリューム感がありつつ、
素材の味を活かすおかずでおもてなし

日本酒会

梅じそのさっぱり風味に
みそでコクをプラス

いわしの梅みそ焼き

Point ♥
こんな風に重ねて

材料（2人分）

いわし（開いたもの）...4尾
梅干し（小さめ）...1個
みそ...5g
酒...小さじ1
塩...適量
青じそ...4枚
太白ごま油（なければごま油）
...適量

作り方

1. 梅干しは種を取ってたたき、みそ、酒と合わせてのばしておく。
2. いわしは尾を切り落とし、縦半分に切る。
   身に塩をふってなじませてから、
   ペーパータオルで水けを拭き取る。
3. いわし、青じそ、1、いわしの順に重ねる。これを4つ作る。
4. フライパンにごま油を中火で熱し、3を並べて焼く。途中、余分な油を拭き取りながら両面をこんがりと焼く。

材料（1人分）

さば（切り身）...1切れ　　**A**｜酒、しょうゆ、みりん...各大さじ1
粉山椒...適量　　　　　　　米油...適量
　　　　　　　　　　　　　（あれば）大根おろし、すだち...各適量

作り方

1. さばは皮側に十字に切り込みを入れ、全体に山椒をまぶす。
2. ポリ袋に **A** を混ぜ合わせ、**1** を入れて 15 分程度漬け込む。
3. フライパンに米油を中火で熱し、さばを皮目を下にして焼く。焼き色がついたら
   上下を返し、両面に焼き色がついたら **2** の漬け込み液を回しかける。ふたをして
   2〜3分ほど焼き、ふたを外して煮汁を回しかけながらからめる。
4. 器に盛り、再び粉山椒をふって、大根おろし、すだちを添える。

さばの山椒焼き

味はしっかりと濃厚、
身はふっくらやわらか

材料（2人分）

れんこん…80g
はんぺん…1枚（130g）
乾燥桜えび…5g
おろししょうが…小さじ1

片栗粉…大さじ1
塩…ひとつまみ
米油…適量

作り方

1. れんこんは1/3をみじん切りにし、残りをすりおろす。桜えびは細かく刻む。
2. ボウルに**1**、はんぺん、おろししょうが、片栗粉、塩を入れ、手ではんぺんを潰しながら混ぜ、一口大に丸める。
3. フライパンに米油を2～3㎝深さまで入れ、170℃に熱して**2**を入れる。上下を返しながら、焼き色がつくまで3～4分揚げる。

桜えびの風味が
ふわっとアクセントに

れんこんのすり身揚げ

れんこんの食感も
楽しんで

さつま揚げ

材料（4人分）

生だら…4切れ（400g程度）
山芋…70g
冷凍枝豆…適量
A ┃ 酒、砂糖、片栗粉…各大さじ1
　　┃ 塩…小さじ1/2
米油…適量

作り方

1. たらは皮をはぎ取り、大きな骨があれば
   そぎ取る。塩（分量外）をふり、10分程度
   置く。
   水けを拭き取り、3～4等分に切る。
2. 山芋は皮をむいてすりおろす。
3. フードプロセッサーにたらを入れて
   攪拌し、なめらかにする。
4. ボウルに **2**、**3**、**A**、解凍してさやから
   出した枝豆を入れて全体をよく
   混ぜ合わせ、一口大に丸める。
5. フライパンに米油を2～3cm深さまで
   入れ、170℃に熱して **4** を入れる。
   3～4分ほどしたら上下を
   返してさらに3～4分揚げ焼きにする。

好みの野菜を入れて
作るのもおすすめです

いかげそのしょうゆ炒め

わたがあれば
入れても
おいしい！

材料（2人分）

いかの足…4杯分
米油…適量
しょうゆ…小さじ1
酒…適量
（あれば）レモン、万能ねぎ…各適量

作り方

1. いかの足は1～2本ずつに切り分ける。
2. フライパンに米油を中火で熱し、
   1 を入れて炒める。色が変わったら
   しょうゆ、酒を加えて全体を炒める。
3. 器に盛り、レモンを添え、
   小口切りにした万能ねぎを散らす。

絶品ふわもち食感！ 箸も日本酒も進む！

長芋のふわふわ焼き

材料（2人分）

長芋…200g
卵…2個
麺つゆ（3倍濃縮）…小さじ1と1/2
ピザ用チーズ…20g
米油…適量
万能ねぎ、粗びき黒こしょう…各適量

作り方

1. 長芋は皮をむいてすりおろす。
2. ボウルに1、卵、チーズ、
   麺つゆを入れてよく混ぜる。
3. フライパンに米油を弱火で熱して
   2を流し入れ、ふたをして3分焼く。
   ひっくり返して再びふたをし、
   3分焼く。
4. 器に盛り、小口切りにした万能ねぎを
   散らし、粗びき黒こしょうをふる。

材料（2人分）

乾燥わかめ…5g
エリンギ…1パック（100g程度）
おろししょうが…10g
薄口しょうゆ…小さじ2
みりん…小さじ1
飾り用のしょうが…適量

作り方

1. わかめは水に浸してもどす。
   エリンギは2〜3mm厚さの
   薄切りにし、さっとゆでる。
2. ボウルに水けをきった
   1、しょうゆ、みりん、おろししょうがを
   汁ごと入れてあえる。
3. 器に盛り、せん切りにした
   飾り用のしょうがをのせる。

それぞれの食感が楽しめるさっぱりとした一品

わかめとエリンギのしょうがあえ

青のりと焼きのりのダブルのりで風味アップ

納豆の磯辺焼き

材料（2人分）

納豆...1パック
山芋...30g
A ┃ 青のり...小さじ2
　┃ しょうゆ...小さじ1/4
　┃ 塩...ひとつまみ
米油...適量
焼きのり（7×10cm）...4枚

作り方

1. 納豆はパックに入った状態で、一度よく混ぜる。その上に山芋をすりおろし、Aを加えて混ぜ合わせる。

2. フライパンに米油を中火で熱し、1を直径5cmほどの円形になるように流し入れる。

3. 両面をじっくりと焼き、のりで巻いていただく。

ねぎでもOK！
日本酒が
すすむ一品です

シャキシャキのわけぎとさっぱり酢みそ

しらすとわけぎのぬた

材料（2人分）

わけぎ...1袋
釜揚げしらす...50g
A ┃ 白みそ、酢...各大さじ1
　┃ 砂糖、からし...各小さじ1

作り方

1. わけぎは熱湯でさっとゆでてざるにあげ、粗熱が取れたら5cm長さに切る。

2. ボウルにAを入れて合わせ、1、しらすを加えてあえる。

117

COLUMN 5
美月会におすすめのお酒

実はお酒が大好きで、おいしいおつまみを作って
友人とお酒を飲むのが週末の何よりの楽しみ。
そんなときにいつも買っているおすすめのお酒を紹介します。

╲╱ ワイン ╲╱

╲╱ 日本酒 ╲╱

ルナーリア・マルヴァジア
[バッグ・イン・ボックス]

ホームパーティー、みんな
でワイワイ楽しく飲みたい
ときによく買うボックスワ
イン。形も可愛いし、味も
コスパも良い。自分で注ぐ
のも楽しいです。

田酒　純米吟蔵<small>でんしゅ</small>
山廃
（青森県）

日本酒好きな方なら知って
いるんじゃないでしょうか。
なかなか買えない、出会う
とラッキーなお酒です。こ
こで紹介する３つの日本酒
はどれも、特別な日に取っ
ておきたい逸品。日本酒が
苦手な方でも飲みやすいと
思います。

風の森　露葉風　507
無濾過無加水生酒
（奈良県）

シュワシュワした日本酒が
飲みたいと思ったら「風の
森」。フルーティで、ガス
が抜けた後の味わいまで二
度楽しめるのは魅力的だな
と感じます。

飛良泉　飛轉<small>ひらいずみ ひてん</small>
-衞 CHIDORI- 別誂<small>ちどり　べつあつらえ</small>
（秋田県）

飛良泉は「山廃仕込み」が
特徴なので、酸味を感じら
れる日本酒。酸味系の日本
酒が飲みたいなと思ったら
コチラ。

体がよろこぶ
レシピばかり

美肌・美腸をつくる！
発酵調味料レシピ

みそ、塩麹、甘酒、酒粕などの発酵調味料を使用したレシピを
紹介します。美肌、美腸に効果のある調味料なので
毎日欠かせません。さらに、発酵調味料は食材の旨みを
引き出すパワーもあるので、シンプルな味つけで、
おいしい！を作れるのが魅力。
一度味わったらハマってしまう人続出です。

よく使う発酵調味料

塩麹 SHIO KOUJI

米麹、塩、水を合わせて発酵させたもの。旨み成分が豊富なので、塩の代わりに使うだけで味わい深い一品ができあがります。タンパク質を分解する力があるので、お肉を漬け込むとやわらかくなります！

みそ MISO

大豆に麹、塩を加えて発酵させたもの。風味やコクが増すので毎日の食事に欠かせない調味料。白みそは赤みそよりも塩分が控えめでその分甘みがあるので、好みで使い分けてみてください。

酒粕 SAKE KASU

日本酒を搾る過程で残った固形物。酒の副産物で栄養素をたっぷりと含んでいるうえ、料理に旨みやコクをプラスしてくれます。ビタミンB群も豊富で美肌効果が期待できます。

甘酒 AMAZAKE

米、米麹、水を発酵させたもの。"酒"という名がついていますが、アルコール分はゼロなので、お酒が飲めない方でも安心して使うことができます。ほんのりと甘いのでお砂糖代わりに使うのがおすすめです。

※この本では、米麹から作った甘酒を使用しています。酒粕から作った甘酒もあり、そちらはアルコールを含むので、お酒が飲めない方、妊娠中の方、お子様には注意が必要です。

【みそ】

シャキシャキ食べる
コクうまサラダ

セロリとみょうがの和風ポテトサラダ

材料（2人分）

じゃがいも...2個
セロリ（茎の部分）...1/2本分
みょうが...3個

A
| 白みそ...大さじ1
| しょうゆ...小さじ1/2
| 削り節...3g
| 塩...少々

作り方

1. フライパンに蒸し器をセットし、食材にかからない程度の水（分量外）を入れる。
   じゃがいもを並べ、竹串が通るようになるまで10分ほど蒸す（途中沸騰したら弱火にする）。Aは混ぜ合わせておく。

2. セロリは筋を除き、粗めのみじん切りにする。みょうがもみじん切りにする。

3. 1のじゃがいもは熱いうちに皮をむき、ボウルに入れてフォークなどで潰す。Aを加えて混ぜ、2も加えて、混ぜ合わせる。

炒めたアボカドはなめらかでクリーミー

なすと
アボカドの炒めみそあえ

材料（2人分）

なす…2本
アボカド…1/2個
ごま油…適量
A｜酒…大さじ1
　｜みそ…小さじ1

作り方

1. なすはへたを除いて輪切りにする。アボカドは一口大に切る。
   Aは混ぜ合わせておく。

2. フライパンにごま油を中火で熱し、なすを入れて炒める。

3. アボカド、Aを加えて炒め合わせる。

ねっとりとした歯触りが楽しい

里芋のねりごまみそあえ

材料（1人分）

里芋…1個（200g）
A｜白みそ…大さじ1
　｜酒…小さじ2
　｜白ねりごま…小さじ1

作り方

1. 里芋は皮をむいて乱切りにする。
   沸騰させた水（分量外）で10分ほどゆで、ざるにあげる。

2. 耐熱ボウルにAを混ぜ合わせ、電子レンジで30秒ほど加熱してよく練り混ぜる。

3. 2に1を加えてあえる。

発酵調味料

【塩麹】

グレープフルーツで
さっぱり！
サーモンとの
色合いも◎

"セビチェ"は魚介を使った
マリネのこと

サーモンの塩麹セビチェ

材料（2人分）
サーモン（刺身用）...100g
グレープフルーツ...1/2個
A｜白ワインビネガー...大さじ1
　｜塩麹...小さじ1
ディル、ピンクペッパー...各適量

作り方
1. サーモンは食べやすい大きさに切り、ポリ袋に入れる。
　 Aを加えて軽く揉み込み、30分～1時間置く。
2. グレープフルーツは皮をむいてサーモンと同じくらいの大きさに切る。
3. 1、2を器に盛り、ディル、ピンクペッパーを飾る。

124　CHAPTER 5

塩麴漬けさけのレモングラス蒸し

材料（1人分）

生ざけ…1切れ
塩麴…大さじ1
しめじ…45g（約1/4パック）
レモン（輪切り）…1枚
レモングラス…適量
酒…小さじ1

作り方

1. さけは水けを拭き、全体に塩麴を塗って10分ほど置く。
2. しめじは石づきを除いてほぐす。
3. アルミホイルに**1**、**2**、レモン、レモングラスの順にのせ、酒をかけて包む。
4. フライパンに**3**、少量の水（分量外）を入れて弱火〜中火で熱し、ふたをして火が通るまで10分ほど蒸す。

レモングラスのさわやかな風味ときのこの旨みが◎

サーモンの塩麴昆布じめ

材料（2人分）

サーモン（刺身用・さく）…200g
昆布（5×10cm）…2枚
塩麴…適量

作り方

1. サーモンの水けをしっかりと拭き、塩麴を全体になじませる。
2. 昆布で**1**をはさみ、ラップで包んで半日〜一晩置く。
3. 食べやすい大きさに切って器に盛る。

Point ♥
昆布ではさんでラップでピチッと包みます

昆布で旨みが増し、とろーり食感に仕上がります

【塩麹】

にんにくでグッと
おいしく
サラダに入れるのも
おすすめ

塩麹の酵素と低温調理で
胸肉がし〜〜っとり！

鶏胸肉の
にんにく塩麹漬け

材料（2人分）

鶏胸肉…1枚（250g程度）
塩麹…適量
おろしにんにく…少々

作り方

1. 鶏肉は皮を除いてフォークで全体を刺す。ポリ袋（耐熱のもの）に入れ、塩麹、おろしにんにくを加えて袋の上から軽く揉み込み、冷蔵庫に入れて一晩置く。
2. **1**を冷蔵庫から出して室温にもどす。
3. 深めのフライパンに鶏肉が完全につかるくらいの水（分量外）を入れ、沸騰させて火を止める。**2**をポリ袋のまま入れてふたをし、1時間放置する。
4. 1cm厚さに切って器に盛る。

アボカドはレモンをかけて変色を防いで

アボカドの
塩麹レモン漬け

材料（2人分）

アボカド…1/2個
塩麹…小さじ2
レモン果汁…小さじ1

作り方

1. アボカドは一口大に切る。
2. ボウルに**1**、塩麹、レモン果汁を入れて混ぜ合わせ、1〜2時間置く。

簡単なのにクセになるおいしさ

きゅうりのミント塩麴あえ

材料（2人分）

きゅうり…1本
塩麴…小さじ1
ミントの葉…適量

作り方

1. きゅうりはスライサーで皮を縞目にむき、乱切りにする。
2. ボウルに**1**、塩麴、ミントの葉を入れてあえる。

材料（2人分）

鶏胸肉…1枚（250g程度）
塩麴…適量
ねぎ（白い部分）…1/2本分
ザーサイ…20g
A | ごま油…小さじ1
  | しょうゆ…小さじ1/2本
  | 塩…ひとつまみ
ラー油…少々

作り方

1. 鶏肉は皮を除いてフォークで全体を刺す。ポリ袋（耐熱のもの）に入れ、塩麴を加えて袋の上から軽く揉み込み、冷蔵庫に入れて一晩置く。
2. **1**を冷蔵庫から出して室温にもどす。
3. 深めのフライパンに鶏肉が完全につかるくらいの水（分量外）を入れ、沸騰させて火を止める。**2**をポリ袋のまま入れてふたをし、1時間放置する。
4. ねぎは白髪ねぎにする。
5. ボウルに**A**、刻んだザーサイを入れて混ぜ合わせる。
6. **3**を1cm厚さに切って器に盛り、**4**、**5**をのせる。ラー油をかけていただく。

しっとりお肉とシャキッと
ザーサイはお酒にも合う！

蒸し鶏のザーサイのせ

中華の日に
ヘルシーな
一品があると
うれしい

意外と簡単！
酒粕の使い方

板状タイプは
やわらかくしてから使う

板状になっていると固くて使いづらいので、やわらかく練ってから使うのがおすすめ。水や酒小さじ1～大さじ1と合わせて電子レンジで数秒加熱すると簡単です。

Point ♥

酒粕には約8％のアルコールが含まれます。電子レンジ加熱で多少アルコールは飛びますが、アルコールに弱い方やお子さんが食べる場合は、5分ほど火にかけて充分にアルコールを飛ばしてください。

私が使っているのはコレ！

ペースト状になっているのでとっても使いやすい♪

【酒粕】

漬けるだけで
味に深みが増します！

豚肩ロースの酒粕漬け

作り方

1. 豚肉はフォークで全体を刺す。
2. 耐熱ボウルにちぎった酒粕、酒を入れて電子レンジで数秒加熱し、みそ、みりんを加えてなめらかになるまで練る。
3. 1に2をまんべんなく塗ってポリ袋（耐熱のもの）に入れ、1日間ほど冷蔵庫でねかせる。
4. 調理する直前に室温にもどし、軽く酒粕、みそをこそげ取る（取ったものは、みそ汁などに入れるとおいしい）。
5. 深めのフライパンに豚肉が完全につかるくらいの水（分量外）を沸騰させて火を止める。4をポリ袋のまま入れてふたをし、1時間半放置する。
6. 食べやすい大きさに切って器に盛り、糸唐辛子を散らす。

材料（作りやすい分量）
豚肩ロースかたまり肉...400g
酒粕...50g
みそ...50g
酒、みりん...各大さじ1
（あれば）糸唐辛子...適量

【酒粕】

ささみの酒粕みそ焼き

コク深い濃いめの味つけでご飯も進む!

材料(1〜2人分)

鶏ささみ...4〜5本
酒粕、みそ...各大さじ2
酒...大さじ1
米油...適量

作り方

1. 耐熱ボウルにちぎった酒粕、酒を入れて電子レンジで数秒加熱し、みそを加えてなめらかになるまで練る。
2. ささみは筋を取り、厚みを半分に開く。1をまんべんなく塗り、15〜30分漬け込む。
3. フライパンに米油を中火で熱し、2を入れてこんがりと両面を焼く。

ささみなの?
と思うくらい
やわらかい

濃厚でクリーミーなチーズのよう
みそ漬け豆腐

長く漬け込むことで
水分が飛んで、
味がよりなじみます

水きりをしっかりするのが
ポイント

Point ♥

全体にまんべんなく塗ります！

材料（2人分）

絹ごし豆腐…1/2丁(150g)
酒粕、みそ…各大さじ2
酒…小さじ1

作り方

1. 豆腐はペーパータオルで包み、水きりをする。
2. 耐熱ボウルにちぎった酒粕、酒を入れて電子レンジで数秒温める。みそを加えてよく混ぜ、なめらかになるまで練る。
3. 1のペーパータオルを外し、新しいペーパータオルで包む。上からまんべんなく2を塗る。ラップで全体を包み、保存容器に入れて冷蔵庫で1週間ほど漬け込む。
4. ペーパータオルを外し、食べやすい大きさに切って器に盛る。

【酒粕】

材料（2人分）

れんこん…170g
酒粕、白みそ、酒…各大さじ1
米油…適量

作り方

1. れんこんは皮をむき、1cm厚さの
   半月切りにして水にさらす。
2. 耐熱ボウルにちぎった酒粕、酒を入れて
   電子レンジで数秒加熱し、みそを加えて
   なめらかになるまで練る。
3. フライパンに米油を弱火で熱し、水けを
   きったれんこんを重ならないように並べ
   入れる。両面をじっくりと焼き、
   火が通ったら**2**を加えてさらに炒め合わせる。

れんこんの酒粕みそ炒め

酒粕でコクが出るので、調味料はシンプルでOK

たこの酒粕漬け

いかで作るのもおすすめ！

材料（2人分）

ゆでだこ…1パック
酒粕…30g
みりん…小さじ1
砂糖…小さじ1/2

作り方

1. たこは水けをペーパータオルで拭き取り、
   薄切りにする。
2. 耐熱ボウルにちぎった酒粕、みりん、砂糖を
   入れて電子レンジで数秒加熱し、なめらかに
   なるまで練る。
3. **1**に**2**を塗り、冷蔵庫で半日〜一晩漬け込む。

材料（2人分）

いちご…4個
絹ごし豆腐…100g(1/3丁)

A
酒粕、白みそ…各大さじ1/2
砂糖…小さじ1
白ねりごま…小さじ1/2

作り方

1. 豆腐はペーパータオルで包み、水きりをする。
2. Aの酒粕はちぎって耐熱ボウルに入れ、
   電子レンジで数秒温める。
   残りのAの材料を加えてなめらかに
   なるまで練る。
3. 2のボウルに1を加えて練る。
4. いちごはへたを取り、縦半分に切って
   3とあえる。

いちごの甘み、酸味と
酒粕の風味は相性抜群！

いちごの酒粕白あえ

玉ねぎとねぎの鶏皮サラダ

旨みが増した鶏皮と
シャキッと食感が楽しい

材料（2人分）

玉ねぎ…1/2個
ねぎ(白い部分)…1/2本分
鶏皮…100g
酒粕…小さじ1
白みそ、酒…各大さじ1
おろししょうが…小さじ1
米油、粗びき黒こしょう
　…各適量

作り方

1. 玉ねぎは薄切りにし、水にさらして水けをき
   る。ねぎは白髪ねぎにする。
2. 鶏皮は一度下ゆでをしてざるにあげ、
   水けを拭き取って食べやすい大きさに切る。
3. フライパンに米油を中火で熱し、
   2を入れてカリッとするまで炒める。
4. 耐熱ボウルに酒粕、酒を入れて電子レンジで
   数秒温め、みそを加えてなめらかになるまで
   練る。
5. 4に1とおろししょうがを加えてあえ、器に
   盛る。3をのせて粗びき黒こしょうをふる。

白あえは
酒粕をプラスして
大人な味に

【甘酒】

甘酒で旨みが増し、
やさしい甘みもプラス

発酵れんこんの
はさみ焼き

黒こしょうを
かけることで
味が
引き締まります

甘酒と砂糖で甘みが加わり、
食べ応えアップ

柿の甘酒白あえ

材料（作りやすい分量）

れんこん…100g（小1/2節程度）
豚ひき肉…120g
おろししょうが…小さじ1
しょうゆ…小さじ1/2
A｜酒…大さじ1
　｜甘酒、塩麹…各小さじ1
片栗粉…適量
米油…適量

作り方

1. ボウルにひき肉、おろししょうが、しょうゆを入れ、粘りが出るまでよく練り混ぜる。ラップをして冷蔵庫に入れ、半日〜一晩置く。
2. 1のタネは室温にもどしておく。Aは混ぜ合わせておく。
3. れんこんは皮をむき、6枚に切って水にさらす。水けを拭き取り、片栗粉をまぶす。
4. 2のタネを3等分し、3ではさむ。
5. フライパンに米油を弱火で熱し、4を入れて両面をじっくりと焼く。ふたをして蒸し焼きにし、火が通ったらAを回しかけて全体にからめる。

材料（2人分）

柿…1個
絹ごし豆腐…50g（1/6丁程度）
白すりごま…小さじ1
A｜甘酒…小さじ2
　｜薄口しょうゆ…小さじ1/4
　｜砂糖…小さじ1/2
粗びき黒こしょう…少々

作り方

1. 豆腐はペーパータオルで包んで水きりをする。
2. ボウルに1、白すりごまを入れてなめらかになるまで混ぜる。
3. 2にAを加えてさらに混ぜる。皮をむいて一口大に切った柿を加えてあえ、粗びき黒こしょうで味を調える。

おなか
すいてきた〜

COLUMN 6

お気に入りの調味料

美月ご飯には、安心できる調味料も欠かせません。
普段使っているおすすめの調味料を紹介します。

だししょうゆ

鎌田醤油　だし醤油
200ml

幼い頃からなじみがあっただし醤油。自炊を始めてから改めてこのだし醤油のおいしさに気づいてリピートしています。出汁をとらないときでもこれ一つで味が決まるし、豆腐やお刺身にかけるだけでもおいしい。

ごま油

岩井の胡麻油　金岩井
純正胡麻油金口

とにかく香りがよくてくどくない。ごまの香ばしさが感じられるごま油でお気に入りです。

バルサミコ酢

レオナルディ
LEONARDI ／バルサマ
白バルサミコ　4年熟成

誕生日プレゼントとして頂いたバルサミコ酢。スプレータイプを頂いたのですが、あまりにもおいしい白バルサミコで、500ml を購入しました。甘みと酸味のバランスが絶妙で、これを使うだけでグンとおいしくなる、おすすめの調味料です。

米酢

村山造酢　千鳥酢
360ml

雑誌を見ていたら、和食屋さんで使われていて、おすすめされていた「千鳥酢」。気になったので買ってみたら、上品でまろやか。ツンとくる酸味はないので、和食を作るときによく使います。

冷蔵庫に
常備！

甘酒

八海醸造（八海山）
麹だけでつくった　あまさけ

飲む点滴と言われている甘酒は料理にも使ったりします。砂糖代わりに使うこともでき、体にも良い。

酒粕

新澤醸造店　酒粕残響　Super 7
精米歩合 7% 純米大吟醸

日本酒で知られる「残響」の酒粕。なんと精米歩合 7% という、かなり磨かれたお米なので、マイルドで優しい酒粕です。他にも、P.118で紹介した「田酒」の酒粕もおすすめです。

調味料 Q&A

Q1　おすすめの出汁はありますか？

羅臼昆布のおいしさに気付いてから、昆布は羅臼昆布です。お値段はするのですが、出汁は妥協したくない。羅臼昆布は旨みと濃厚な出汁が取れる昆布で、出汁を取った昆布を炒め物にしたり、佃煮にして食べることもあります。パックだと、茅乃舎だしが好きです。

Q2　他にも基本の調味料類でおすすめのものはありますか？

油
油は米油をずっと愛用しています。揚げ物はカラッと揚がって、くどくないし、時間が経っても酸化しにくく臭いも気にならない。お米は体にいいので安心して使える油です。

みりん
三州三河みりん
上品な甘さで、コクが魅力。リピートしているみりんです。

砂糖
砂糖はきび砂糖や甜菜糖などの茶色い砂糖を使います。コクも出るし、体にもいいので安心して使えます。

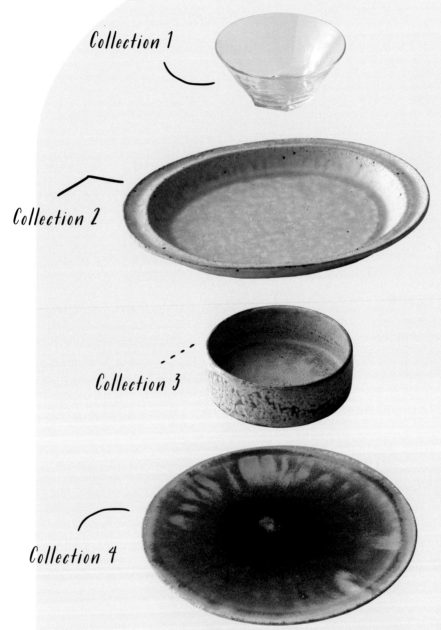

Collection 1

Collection 2

Collection 3

Collection 4

(1)

作家:石川昌浩さん

KOHOROで作品展をされていたときに購入しました。光が当たると食卓にガラスの光が映って、とても素敵な器です。

(2)

作家:森山至さん

ポップアップのときに出会った森山至さんの作品。オーバル型に落ち着いた色味で合わせやすいのがお気に入りです。

(3)

作家:馬渡新平さん

SMLで個展されている時に購入しました。器の使い方もふたとおりあり、深いほうは炒め物や煮物、オーブン料理に。反対に、平たいほうをお刺身やちょっとした和物にしたりする事もあります。両方使えるのがあまり無くてとても魅了的だなと思い購入しました。

(4)

購入場所:pejite 青山

銀座手仕事直売所に初めて行ったときに、質感と色みに惚れて購入しました。結構大きいのですが、主役になってくれる器です。

お気に入りの器

料理を一段とおいしそうに見せてくれる器。お気に入りのものを
少しずつコレクションしていくのも楽しみのひとつです。

(5)

購入場所：栃木県

栃木旅行をしたときに、この
ブルーの器に目を惹かれて購
入しました。ブルーはなかな
か挑戦しづらいと思っていた
のですが、実際に使ってみる
と食卓が華やかになるのでお
すすめです。

— Collection 5

(6)

作家：宮城正享さん

岐阜旅行に行った際にやわい
屋という器屋さんに訪れて購
入。ブルーと波打つような柄
に惹かれました。

Collection 6

(7)

購入場所：鴨工房さん

煮物や炒め物にぴったりな深
さで、色味も料理を映えさせ
てくれるなと思い購入。

Collection 7

お酒に合わせて
選ぶ楽しみ！

酒器・おぼん

1
片口
作家：安土草多さん
SMLで個展をされてい
るときに購入しました。
ガラスが美しくてうっ
とりしてしまいます。

2
ガラスのぐいのみ
購入先が分からない
のですが、1のガラス
の片口と合わせるの
が好きです。

3
ぐいのみ
家族女3人で、金沢旅
行へ行ったときに購入
した九谷焼。旅の思い
出がつまったおちょこ
コレクションです。

4
ぐいのみ
沖縄旅行でやちむんの
里に訪れたときに購入。

5
おぼん
漆器の丸盆はおばあ
ちゃんがプレゼントし
てくれた大切なお盆で
す。おもてなしのとき
におちょこを並べたり、
器をのせてそのまま食
卓に出したり。

Q1

初めて作った料理を覚えていますか?

初めて作った料理は覚えてないですが、上京して初めて作った料理は多分ボロネーゼだった気がします。

Q2

これは本当においしい

リピートしている料理はありますか?

83ページにある、「レバーペースト」と、鶏胸肉を塩麹に漬けて低温調理したものをよく作ります。

Q3

旬の食材(情報)はどのようにキャッチしていますか?

実家でおばあちゃんが野菜を育てているので、母が送ってきてくれたりスーパーや八百屋さんで買います。後は旬の食材を調べて美月ご飯に取り入れています。

Q4

献立を考えるコツなどはありますか?

献立は、食べたいものを一つ考えて作ります。その料理には何が合うかなー?とバランスをとって献立を考えていきます。作りたいものが難しそうなレシピでも、調べてみると案外作れそうだったりするので、チャレンジしてみる気持ちは常に持っておくようにしています。食べたいものが浮かばないときは、スーパーに行ってから食材を選ぶこともあります。

Q5

複数の料理を手際よく作る時のコツなどはありますか?

おもてなしするときは、日程を決めてから逆算して買い物に行って、当日調理できるように漬け込み系から仕込みスタート。あえ物は前日に作っておいたり、アツアツや食感がキーとなる料理は直前に作るとよりおいしいので、最後に作るようにしています。

Q6

レシピ本は読みますか?

料理雑誌を読むことが多いです。
このレシピ本を出版するとなったときに初めて料理本を買って、どのように書かれているのか勉強しました。

Q7

自分の料理に自信が持てません……。人においしいと思ってもらえるものを振る舞いたいです。

この本を出すのに、自信がなかったりしたときもあったのですが、友達を招いてご飯会をした際、みんなにおいしい!って言ってもらえたこと、何より、"その会を楽しむこと"が自信につながりました。なので、お友達や家族に振る舞う回数を増やしてみたり、みんなで食事をしている瞬間を楽しむことが自信につながるかも知れないです。

美月の
Ques
& Ans

Q8

レバーパテやパンチェッタなど、家で手の込んだ料理をするようになったきっかけはありますか？

小さい頃から、**お母さんがよくレバーを炊いたりしていてそれが今でも大好きなので、**自分でも買って作ったりしています。

Q9

同じ味つけばかりになってしまうのですが、どうしたらいいですか？

同じ味つけでも、**食材を変えるだけで**全然違う料理に変身するので、そこも料理が楽しいと思える瞬間かもしれません。

C O L U M N ∞

on or

みなさんからいただいた、料理に関する質問についてお答えします。ぜひ参考にしてみてください。

Q11

お菓子作りなどもしますか？

お菓子は高校生の頃に働いていた割烹料理屋さんでお菓子を作って食後のデザートとして提供していたりしましたが、**お菓子作りは苦手です。**

Q10

盛り付け方やお皿のコーディネートはいつもどのように考えていますか？

盛りつけやコーディネートは、**お店に食べに行ったときに参考にしたり、ネットで調べて盛りつけ方を真似してみたり**しています。

Q12

何もしたくない日はありますか？

何もしたくない日、あります。でも、ストイックな部分が出てきてしまい何もしたくない日でも、軽く運動したり、サウナに行って汗をかいたり。とにかく汗をかいて体に良いことをするとスッキリして、何もしなかったけどえらい自分！やって良かった！って、**自分を褒めます。**料理もしたくない日は切るだけゆでるだけ。でも野菜とタンパク質、脂質とバランスが取れた食事を摂るようにしています。

Q13

これは買ってよかった！と思う調理道具は？

鉄のフライパンと銅の玉子焼き器。

使うほどに味が出てくる

Q14

東京でおすすめの食器屋さんを教えて！

よく行くのが **SML** と **KOHORO**。旅先で焼き物を買うのも趣味です。何か一つその土地の有名な焼き物の**おちょこを買ってコレクションする**のがひとつの趣味でもあります。

おわりに

私は、兵庫県生まれの田舎育ち。料理と食が好きな一家で、おばあちゃん、
お母さんの影響なのか、気づけば私も料理が好きになっていました。
2018年、高校を卒業するタイミングで上京し、遂に東京で暮らせるんだ！と、
初めての一人暮らしにワクワクしていました。
上京したら『絶対にガスコンロのあるキッチンで自炊を頑張る！』と決めていて、
初めて住んだお家は一口ガスコンロ。不便さも感じましたが、
自炊にハマり出したらその不便さも忘れるほど料理が楽しく、
のめり込んだのを覚えています。
一つ隣の駅に八百屋さん、精肉店、鮮魚店があり、買い物に行くたびに
お祭りのような威勢のいい声が飛び交っていて、すごく楽しい場所でした。
その活気のある場所での買い物が、自炊を楽しくさせた理由の一つに
なっているかも知れないと、この文章を書いている今、
ふと、当時の記憶が蘇ります。

上京後、自炊を始めて間もない頃から、趣味で「＃ミツキのお一人様ご飯」と
いうハッシュタグをつけて、日々のお一人様ご飯をSNSに載せていました。
そしてそれが、このレシピ本を担当してくださった小寺さんの目にとまり、
2019年の冬頃「いつか料理本を作りましょう！」とお声がけいただきました。

そのときから目標としていたレシピ本。
でも、自分の料理に自信を持てなかったし、レシピ本を買ったこともなければ、
マネして作ったこともほとんどありません。
このレシピ本の中には、過去のSNSに載せた料理もあるのですが、
正直、そのときの料理をレシピ化するのは本当に大変でした……。
味つけや分量を記録に残していないので、一から作って、試食して……
を繰り返して何十品と試作をし、
このときばかりは、泣きながら朝から晩まで料理をしていました。

美月包丁

途中、心が折れそうになりましたが、たくさん作った料理は、
友だちを招いておもてなしご飯にしたり、家まで取りに来てもらったり、
容器に詰めて電車で事務所までケータリングして食べてもらったりしました。
何とかここまでやってこられたのも、みんなからの「おいしい」っていう
声があったからです。
周りの方々の協力が本当に心の支えになり、
今回初のレシピ本を出版することができました。

初めてのことだらけで何から手をつければいいか全く分からないし、
手をつけられなかった私でしたが、完成まで一緒に制作してくださった
編集者の小寺さん。155品あるレシピを一緒に楽しく料理した竹中さんと
アシスタントの方々。たくさんのアドバイスをくださったライターの美佳さん。
撮影をしてくださった村田さん、大木さん。
そして、出版するにあたりサポートしてくださった全ての方々に
心から感謝いたします。
最後に。料理は一生、自分自身をつくる大事な生活の軸だと思います。
このレシピ本を通してより多くの方に、料理の楽しさや面白さ、料理を作るこ
と以外に、器に触れる、食材を買う、
そんな楽しさも見つけていただけたらと思います。
大好きな人たちと食卓を囲み、食事を楽しむ日々の何気ない幸せを
大切に噛み締めながら……これからも料理をしていきたいと思います。
最後まで読んでいただきありがとうございました。
日本に四季があるように、みなさんの食卓が彩り豊かで心がはずむものとなり
ますように。

椎名 美月

椎名 美月 （しいな・みつき）

モデル

2000年生まれ、兵庫県出身。
白く透き通った綺麗な肌と凛とした瞳をチャームポイントに、
美容系の雑誌や広告ビジュアルなどを中心にモデルとして活躍。
独特の儚げな雰囲気を持ち、表現力の高さにも定評がある。
プライベートでは料理やボディメイクなど興味関心の幅が広く、積極的にSNSで発信。
暮らしを丁寧に楽しむ姿に、性別や世代を問わず多くの注目が集まっている。

Instagram　@mitsuki__shiina

講談社の実用BOOK

フライパン1つでできる
美月のモデル飯

2023年4月6日　第1刷発行

著者：椎名美月

発行者：鈴木章一
発行所：株式会社講談社
　　　　〒112-8001 東京都文京区音羽2-12-21

TEL：編集　03-5395-3400
　　　販売　03-5395-3606
　　　業務　03-5395-3615

 KODANSHA

印刷所：凸版印刷株式会社
製本所：大口製本印刷株式会社

Staff

撮影／大木慎太郎（表紙、p.2～3、10～11、15、
　　　　41、54、85、86～93、118、135、136、
　　　　139〈酒器・おぼん〉）
　　　　村田克己（料理）
フードスタイリスト／竹中紘子
スタイリスト／金山礼子（表紙、p.2～3、10～11、
　　　　15、41、54、85、88～93、135）
ヘアメイク／中山友恵（椎名美月、高瀬真奈）
　　　　加勢翼（玖瑠実、七海）
調理アシスタント／飯塚多美子、勝部晴実

モデルマネージメント／佐藤茉莉 [Luuna Management]

装丁・デザイナー／福本香織
編集・ライター／望月美佳
編集／小寺智子

Special thanks
高瀬真奈
玖瑠実
七海

Fashion credit
14 SHOWROOM （anapnoe）
GUEST LIST （Le Minor、RED CARD TOKYO、
STATE OF MIND）
BLUE WALL （SETTO）
Madu